初めての特別支援学級担任のために

学研のヒューマンケアブックス

入門 特別支援学級の学級づくりと授業づくり

佐藤 曉［著］

学研

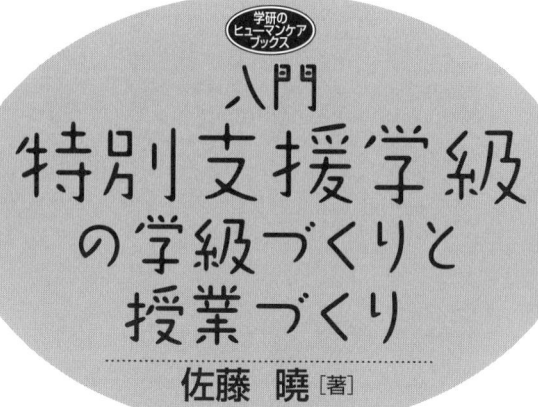

まえがき

特別支援教育の分野で、今最も手薄になっているのが、特別支援学級の教育指導である。急激な学級増に対して、教員の供給がまったく追いついていないからだ。そこには、ある種の構造的問題が横たわっている。

一つは、指導技術の継承がなされにくいことだ。校内には、経験のある教員がいないことが多く、アドバイスをもらうどころか、日々の指導について相談する相手さえ求められないのが実情だ。周辺の学校を探せば、高い技術をもつ教員はいるのだが、授業を見せてもらう機会をつくるとなると、それがなかなか難しい。

もう一つは、経験を積むのに、長い時間を要することだ。この仕事は、ある程度の数、子どもを育ててみないとわからないことがある。しかし、一年間に担任できる子どもの数はごくわずか。一〇年やって、ようやく勘所がつかめてくるのだ。

この本は、初めて特別支援学級をもつ先生やまだ経験の浅い先生に、学級づくりと授業づくりの基本をお伝えしようという思いで執筆した。目次を見ればおわかりのように、すぐに使える具体的な手だてを、第一章の三月から、月ごとに割り振っていった。それぞれの月で取り上げている内容は、必ずしもその月に固有のことがらばかりではないが、だいたいこの時期にはこんなことをしておきましょうといった程度の、ゆるい対応がなされている。また、八月と十二月は、長期休暇中の「研修」とした。八月は、子どもの「困り感」に気づくポイントとそれを軽減する手だてをまとめた。十二月は、「教室拝見」と題して、モデルになる実践を写真でお届けした。

なお、本書の出版にあたり、以下の先生方から貴重な実践を提供していただいた。

田辺敦子先生（高知県教員）、矢延真里先生、石川純子先生、竹田和子先生、行安光子先生、清水久仁子先生、古谷恵理子先生（以上、岡山県教員）、上野勢以子先生（広島県教員）、光元聰江先生（元岡山大学教員）、岡山市立伊島小学校派遣学級の先生方。

また、各地の保護者のみなさんには、取材のために多くの時間をさいていただいた。改めて感謝申し上げたい。

入門　特別支援学級の学級づくりと授業づくり――◉目次

［第一章］

三月——環境を整備する

エピソード

放課後の教室。さっきまでいた子どもたちの体温が残っている。満足して帰ったあとの余熱といってもいい。

太田先生の教室には、いつ訪ねても、子どもたちの暮らしが見える。

子どもは七人、学年はばらばらだ。

七〇センチくらいの間隔で二列に机が並び、黒板を背にして、先生の椅子が置かれている。物は多いけれど、どこに何があるかは、見てすぐわかる。

後方扉の近くには棚があって、一人ひとりの教材かごがある。授業が始まる前に、各自が自分のかごを持って席に着くのだという。

棚の横には、それぞれの子どもの「きのう・きょう・あした」が書き込まれた、七人分のカレンダーがかけられていた。

教室の後ろには、修学旅行の旅絵巻やピーマンの成長記録など、そのときどきの学びの軌跡が壁面を飾っていた。

「ハチのすしらべ」には、「科学展出品候補」と書かれた短冊が貼ってあった。どの作品にも、製作した子どもの表情が見て取れた。

「あしたも、来るのが楽しみな教室」だった。

三月のテーマは、環境づくりである。百聞は一見にしかず。はじめて特別支援学級を任されることになったとき、モデルになりそうな教室をいくつか訪ねてみることをおすすめしたい。

学級開きに向けて

三月、はじめて特別支援学級を担任することになった。管理職は、いつでも相談に乗るからと勇気づけてくれる。とはいえ、実際に担任するのは、この自分である。新年度までの限られた時間に、何をしたらいいのか。

とりあえず着手すべきは、引き継ぎだろう。子どもの様子だけでなく、前の担任がしてきたことを詳しく聞き取ろう。

もう一つ、ぜひともしておきたいのが、モデルになる特別支援学級の見学だ。特別支援学級というのがどういうことをするところなのか、イメージを広げてほしい。

こうして情報を集めつつ、大急ぎで学級開きに向けた環境づくりに取り組むことになる。

空間環境

さて、その環境づくりだが、三つに分けて話を進めよう。空間環境、時間環境、そして人環境である。

このあと、それぞれの環境についてどんな点をチェックしたらいいのか、また、それをもとにどう環境を整えて新年度を迎えたらいいのか、具体的な手だてを紹介する。

初めに、空間環境である。点検しておきた

い事項を〈**図1**〉にまとめた。校内および教室内の動線、備品の仕様、そして危険箇所などを確認しておこう。子どもがうまく動けていた環境はそのまま引き継ぎ、改善が必要とされる部分は、手だてを考える。

チェックをひと通り済ませたところで、今度は、子どもたちに安心感を保証し、かつ自発的な動きを促すための、教室のレイアウトを検討する。そのポイントは、二つある。

一つは、活動場所と活動内容とを、できるかぎり一対一で対応させることである。同じ場所を多目的に使うと、しばしば子どもは混乱する。

もう一つは、動線を単純にすることである。「いま何を、どこまでして、終わったらどうするか」をわかりやすく示し、一つひとつの行動が確実に遂行できるようにしよう。

校内および教室内の動線

子どもが動きやすい動線になっているだろうか。これまでの子どもの動きは、どうだったろうか。

◉校門から教室までの動線

◉教室からトイレまでの動線

◉教室から交流学級までの動線

◉教室内の動線〈荷物の整理、学習の準備、給食の準備や後片付けなど〉

備品の仕様

使いやすい工夫がなされているだろうか〈自分の場所が分かる表示や収納しやすくする仕切りなど〉。収納スペースには、ゆとりがあるだろうか。机や椅子の大きさは、子どもの体に合っているだろうか。これまでの子どもの動きは、どうだったろうか。

◉靴箱、傘立て、ロッカーなど〈表示、収納量、破損など〉

◉机、椅子、教材かごなど〈高さ、大きさ、破損など〉

危険箇所

危険箇所は、ないだろうか。これまでに、ひやっとしたことはなかっただろうか。

◉校内・教室の整理整頓〈子どもの気が散る物、つまずいたりぶつかったりしやすい箇所など〉

◉校内・教室の危険箇所〈窓の高さ、登ると危険な箇所、雨天時に滑りやすい箇所など〉

〈図1〉空間環境のチェック

学級開きの前には、教室内を子どもの目の高さで動いてみて、混乱が生じるところがないか、チェックしてみよう。

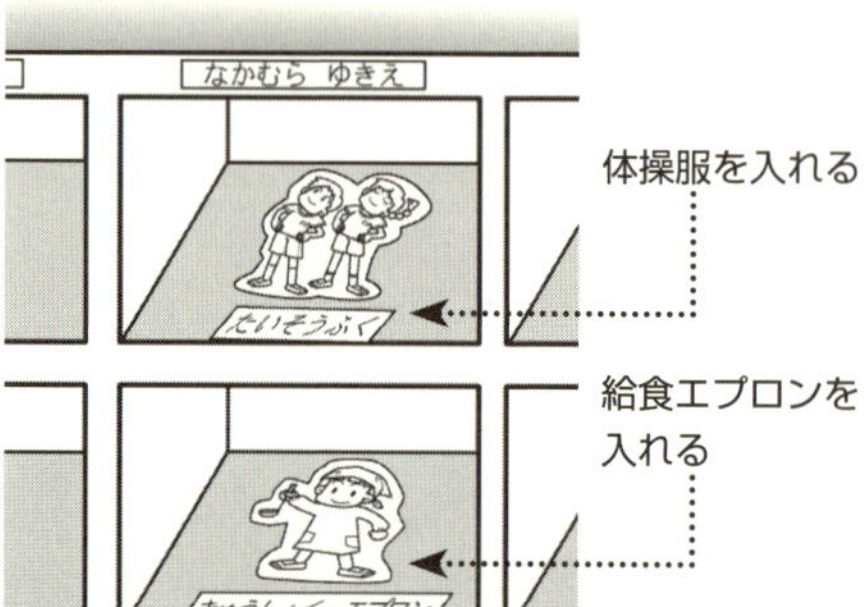

〈図２・その３〉ロッカー

〈図２・その２〉座席

〈図2〉に、レイアウトの例を示した。学びのスペースと生活のスペースとに区切ったうえで、活動ごとに空間を割り振った。また、子どもの動きがコンパクトに完結するよう、動線も工夫している。

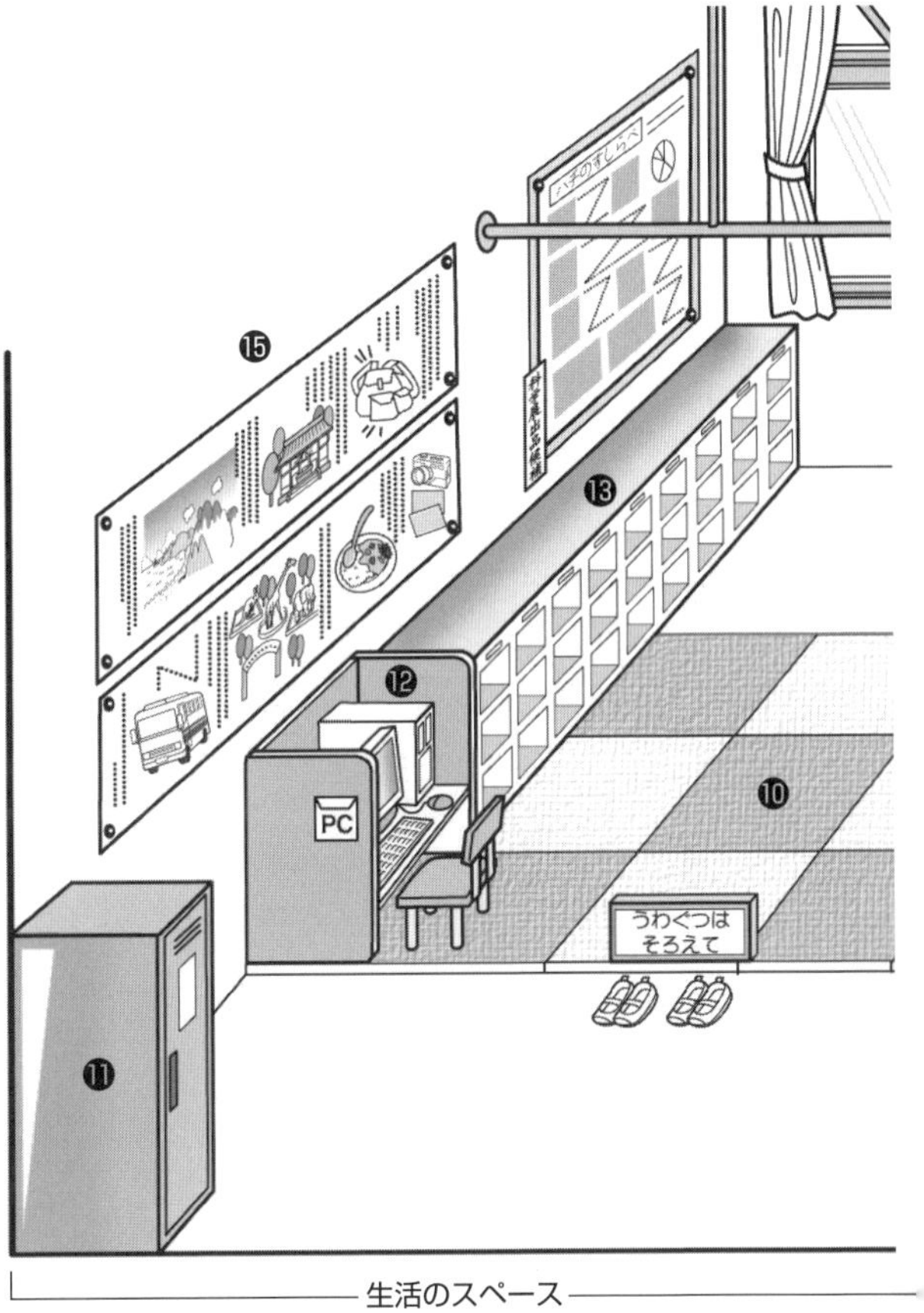

〈図2・その1〉学びのスペースと生活のスペースとに区切る

❶提出物置場…登校したらすぐに、入り口で提出物を出す。続いて、机の引き出しに学習用具を収め、かばんや残りの荷物は後ろのロッカーに入れる。朝のしたくは、動線を単純にする。❷ハンガー…上着や防寒着は、ハンガーにかける習慣をつけたい。❸エスケープスペース…あくまでも、避難用である。できるだけ、使わないほうがいい。❹教材棚…授業が始まる前に、各自が自分の教材かごを取りにいく。❺担任の椅子…担任の立ち位置は、真ん中より少し横に。そのほうが、子どもたち全員が視野に入る。❻ホワイトボード…子どもの眼の高さに合った、可動式のものを用意しよう。❼担任のエリア…整理整頓を心がけたい。❽座席…教材かごを置く広さを確保する(図2・その2)。子ども同士をつなぐ授業も想定し、机の間隔はあまり離さない。気が散るときは、必要に応じて、ついたてを使う。❾スペースの仕切り…圧迫感のない程度の高さにする。パーテーションには、クラスのカレンダーとともに、個人用のカレンダーをかけた（図5、6）。❿リラックススペース…上ぐつはそろえて上がる。⓫そうじ用具置場…そうじは、やり方を丁寧に教え、最後まできちんとやらせきることが大切だ。⓬パソコンスペース…使うのは、授業のときと、パソコンチケットをもらったときだけにする。ブースには、チケットを入れるポケットを用意しておく。⓭ロッカー…１人分縦１列にする。段ごとに、入れるものをマークで示す（図2・その3）。ロッカーの上には、物を置かない。⓮更衣エリア…マットは敷かず、立ったまま着替える練習をさせる。⓯後方の壁面…楽しかったことを振り返りたくなるような壁面にしよう。

時間環境

次に、時間環境の整備である。子どもが、見通しと向かう先をもち、安心して一日を過ごせるようにしてあげたい。引き継ぎでは、日々の生活で、どのような活動の流れができていて、それに子どもがどれだけ乗れていたのかを尋ねておきたい。朝の会、授業、給食の準備などへの取りかかり、そして終わった後の流れは定着しているだろうか。うまくいっている様子なら、それまでの手順や流れを、しばらくは変えないようにしよう。

一方、流れができていなくて、子どもが動けていないようであれば、〈図3〉のような手順で時間環境を見直してほしい。

一日の流れがある程度できてきたら、スケジュールやカレンダーを一人ひとりに作成し、それぞれの子どもが、その子なりの一日や一週間をイメージできるようにする。

〈図4〉は、スケジュールファイルで、表紙をめくると、左側に一週間の時間割が貼ってある。それを見ながら、次の登校日のスケジュールを右側の用紙に書き込む。予定の変更も、このとき確認する。毎日書いて綴じていく。

◉日課のなかで、「これをしたら、次はこれ」といった、小さな単位での活動の流れをつくる。例えば、「朝のしたくをする→金魚のえさやりをする」、「授業が終わって次の授業の準備をする→休み時間の遊びをする」といったように、流れができやすい場面を選ぶ。
◉「次はこれ」にあたる、子どもの好きな活動を探す。あとに来るものが好みの活動だと、流れがつくりやすい。それがあれば一定時間ひとりで過ごせる、お気に入りのグッズなどがあるといい。
◉一日の大きな流れをつくるために、午前と午後とそれぞれ1回ずつ、子どもたちが楽しみにできる活動を用意する。クラス全体でできる活動がいい。

〈図3〉時間環境の整備手順

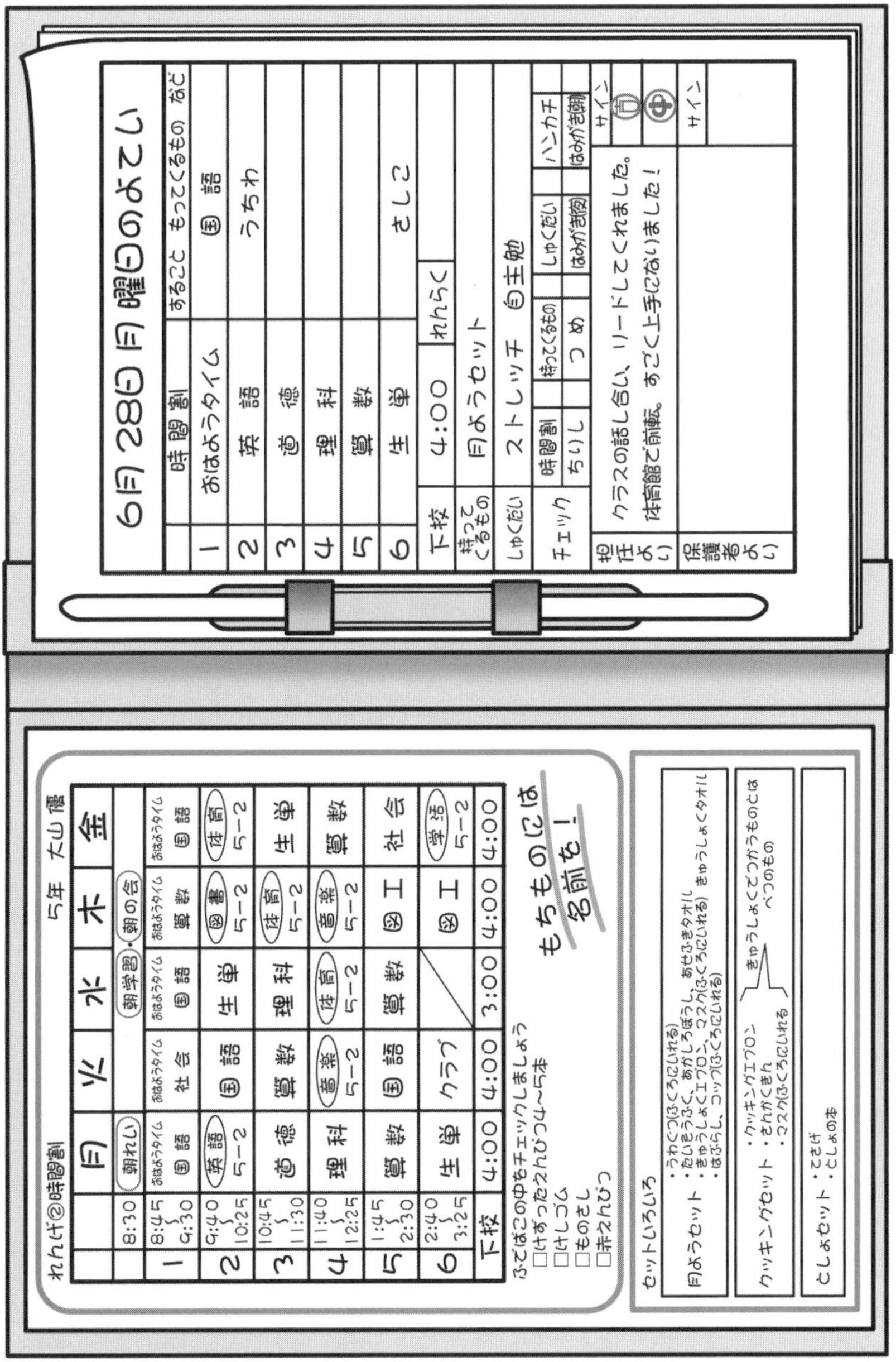

〈図 4〉 個別のスケジュールファイル

〈図5〉は、個人用のカレンダーである。毎朝、クラスのカレンダー〈図6〉と対応させながら、それぞれの子どもの「きのう・きょう・あした」を確認させていた。一人ひとりが自立的な生活を組み立てられるよう、指導を続けていきたい。

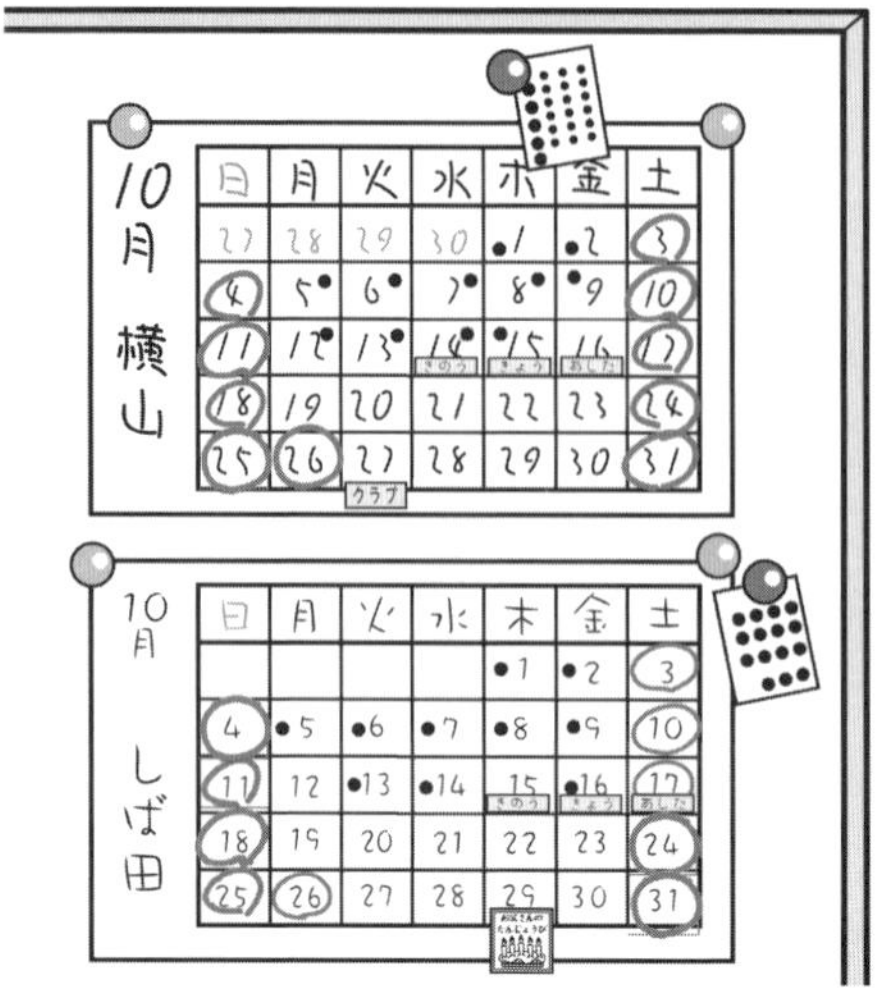

〈図5〉個別のカレンダー　上段の横山君は、いまから「きのう、きょう、あした」をつくる。

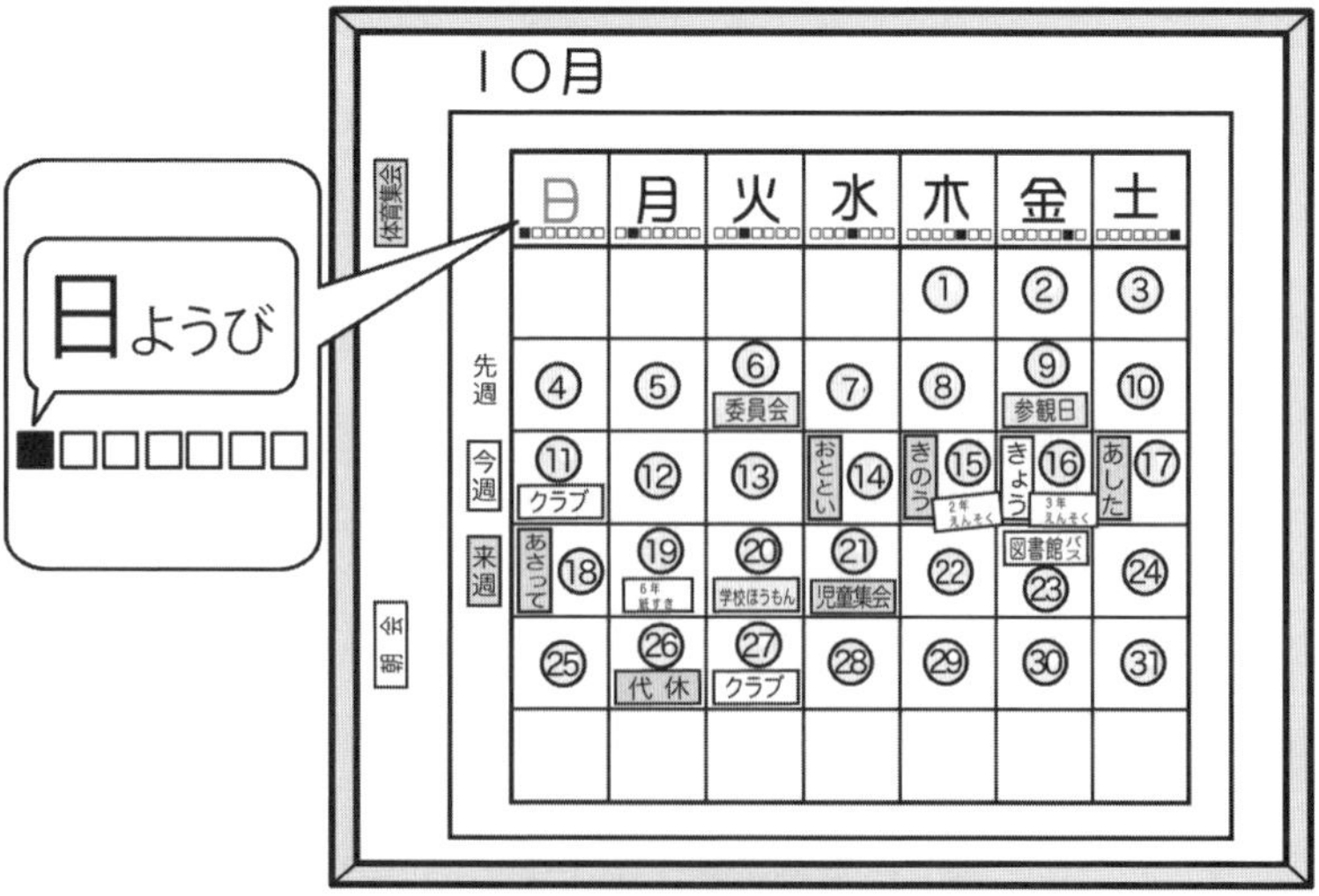

〈図6〉クラス全体のカレンダー

人環境

担任こそが、子どもに最も大きな影響を及ぼす環境だと言われる。子どもの気持ちに寄り添える、優しい教師でありたい。

一方で、経験の浅い教師にとって、意外な落とし穴になるのが、主導権の問題である。主導権は、担任が握らないといけない。子どもにさせたい課題を明確にし、最後まできっちりとやらせきろう。くれぐれも、子どもに振り回されることのないように（図7）。担任の役目は、「学校というところは、こんなふうにしたら楽しく過ごせるよ」という指南を、子どもにしてあげることである。「この人についていけば、何とかなりそうだ」と思ってもらえるような人に、担任はなろう。

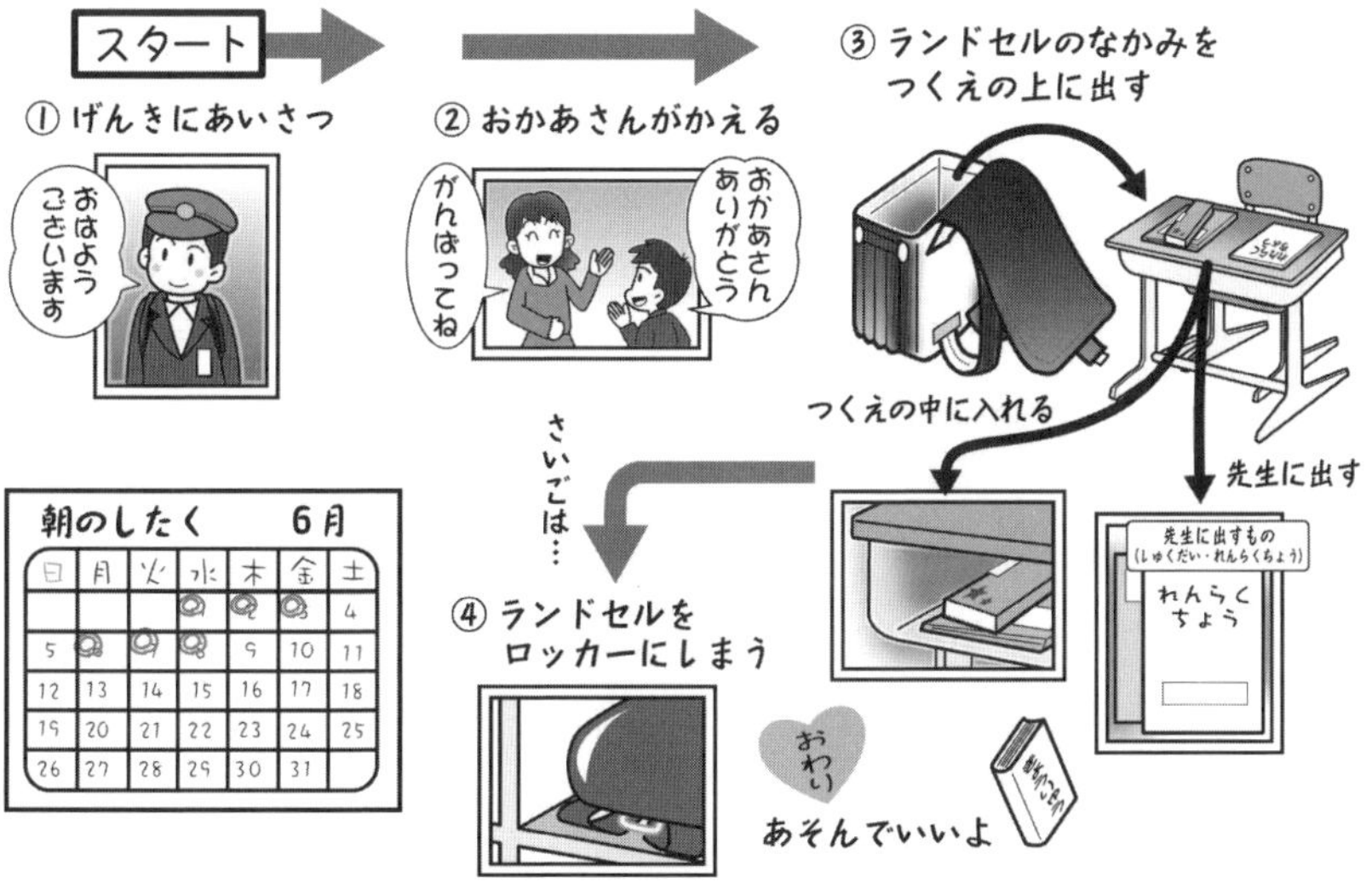

〈図 7〉朝のしたく　することを具体的に示す。ひとりでできるようになったら、担任は離れて見守る。したくが済んだところで報告に来るように言い、カードにスタンプを押す。それも定着してきたら、自分でスタンプを押し、次の活動に移る。

一章解説

来年度は特別支援学級をもってもらえないかと、校長から打診がある。考えもしなかったことに、戸惑いを隠せなかったのではないか。

しかし、そんなとき、もっと困っているのは、子どもたちのほうかもしれない。子どもによっては、新しい担任だと聞かされても、「この人、だれ？」からのスタートなのだろうから。

教師も子どもも、緊張感からは早く解放されたほうがいい。それには、ともあれ、担任交代による子どものストレスを、できるかぎり軽減してあげるしかない。

特別支援学級の子どもは、なにぶんにも環境の変化に弱い。それゆえ、引き継ぎにあたっては、「その子が、どんな環境のもとで、どのような振る舞いをしていたのか」といった、「環境とセットにした引き継ぎ」をしたい。子どもの暮らしごと、引き継ぐのだ。

子どもの動きがすでに定着しているならば、少なくとも四月の間は、同じ環境を維持する。子どもが担任になじんできたところで、必要な部分は変えたらいい。

反対に、改善の余地がある場合、当初から新たな環境を用意して、子どもたちを迎えよう。他校の特別支援学級を訪問してみて、使えるアイディアがなかっただろうか。ちょっとした作業スペースを設けたり、もの珍しい支援ツールを取り出したりすると、それまでできなかったことが、すんなりできてしまうことがあるのだ。

エピソード

二時間目は国語である。子どもたちは、自分の教材かごを持って席に着く。
あいさつを済ませ、「口の体そう」だ。
「あいうえおうさま」の詩を音読する。
一斉に読んだ後、いつものように一行ずつ交替で読む。
続いて、「漢字タイム」。
これも、全員で空書きをしてから、ノートに書く。
この後は、各自が、メニューカードに示された学習課題を進める。
教材かごには、一人ひとりの子どもの力に合わせた読み物が用意されていた。
その日に読む場所のところどころには、簡単な設問を記した付せん紙がついている。
担任は順に子どもを回り、いっしょに文字を追って読んであげる。
ほかの子どもたちは、後で必ず先生が来てくれるので、静かに課題をして待っている。
設問にすべて答えると、「本読み」と書かれたメニューカードを裏返す。
カードの裏には、「がんばったね　A」とあった。
個別の課題を済ませた子どもは、仲間が終わるまで、お楽しみプリントをする。
これが、このクラスの「授業の形式」である。

［第二章］四月——授業づくりの基礎

四月、いよいよ学級開きだ。特別支援学級で学ぶ子どもには、それがあれば適切な振る舞いができる「形式」があったほうがいい。その「形式」が最も必要で、かつつくりやすいのが授業場面である。

授業のしくみづくり

手持ちの力も学年も異なる子どもたちを前に、どうやって授業をするのか。初めて特別支援学級を受けもつ教師が悩むのは、まずそこだろう。

基本は、やはり「授業の形式」を定着させることだ。エピソードで紹介したような「授業の形式」が、最も標準的だと思う。二部構成である。

第一部では、全員が集まる。

始めの何分かを全員で進めるのは、導入部分の「形式」をつくるためである。扉のエピソードでいえば、「口の体そう」と、それに続く「漢字タイム」は、いつも全員で取り組んでいる。

第二部は、個別の学習である。

ここで最も重要なのは、子どもがひとりで課題に取り組む「形式」である。特別支援学級の授業では、それぞれの子どもが一定時間、ひとりで課題に取り組めるような「形式」をつくりたい。

ポイントは、「いま何を、どこまでして、終わったらどうするか」を伝えることである。**〈図1〉**のような、メニューカードを作成する。本読みを（いま何を）、決められた分量だけして（どこまでして）、できたらカードを裏返して次に進む（終わったらどうするか）というサイクルを繰り返し、最後までひとりで学習に取り組ませる。

〈図２〉のように、上から順に（または、左から右へ）作業を進めていく、「ワークシステム」とよばれるしくみもよく使われる。

手助けが必要なときは、静かに担任を呼ぶ練習もさせたい。担任がほかの子どもを教え

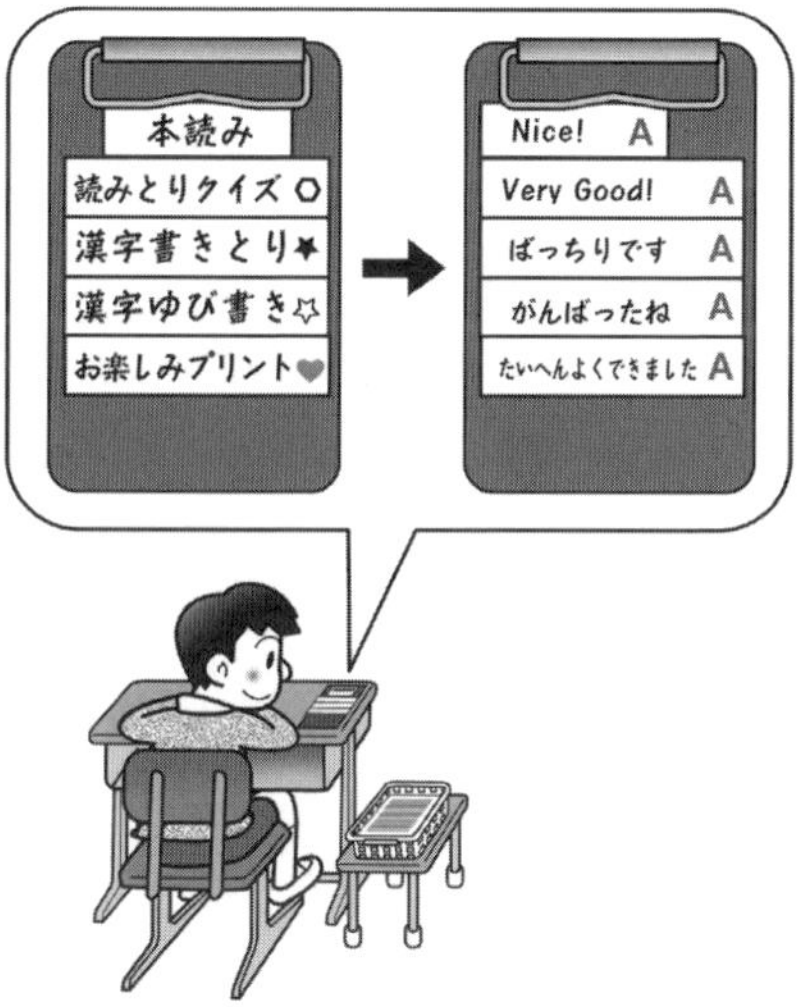

〈図 1〉メニューカードを見て、ひとりで課題に取り組む。一つ終わるごとに裏返していくと、「がんばったね」などの言葉が出てくる。

〈図 2〉ワークシステム。番号順に課題を進め、できたらカードを裏返す。机の上にあるのは、援助を依頼するためのお助けツール。別の面には「おわりました」と書かれていて、すべての課題ができたときに表示する。

ているときは、机の上のお助けツールを使って、「おしえてください」と表示させる。それに応えて、「つぎに、いきます」と書いた札を持たせてもいい。穏やかに待てるようにする手だてである。

いっぽう、長時間、座り続けるのが困難な子どもには、**〈図3〉**のようなシステムが使える。

①課題を示したメニューカードを、取り組む順に並べておく。②子どもは、最初のカードを持って教材置き場まで歩く。③カードは備え付けのカードポケットに入れ、そのカードに対応する教材を取り出す。④課題が一つ終わるごとに、この動きを繰り返す。

こうすると、適度にからだを動かせるので、学習に集中する時間を延ばすことができる。

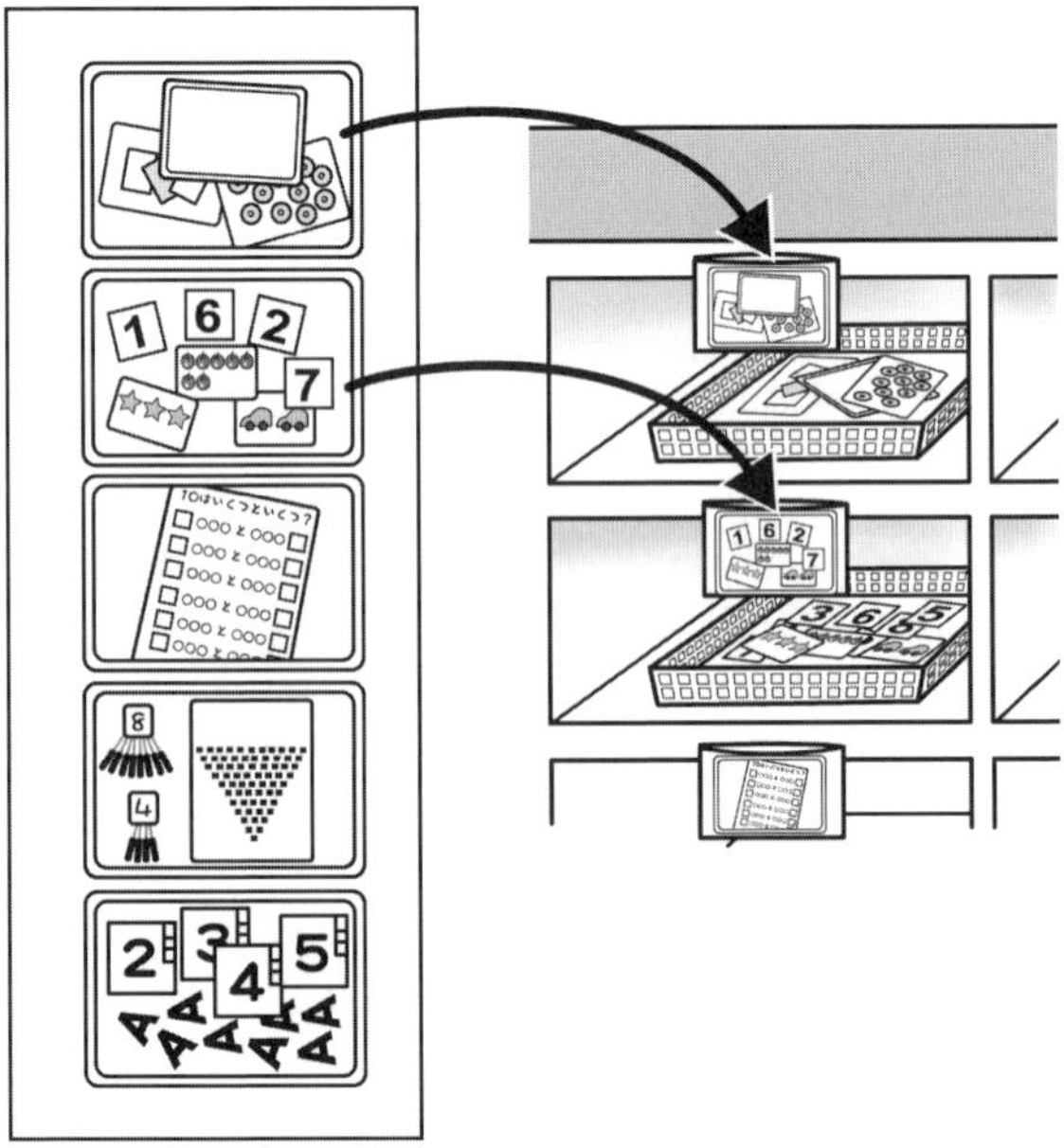

〈図3〉課題が終わるごとに、離れた場所にある教材を取りに行く。動いて気分転換したほうが、課題をよくこなせていた。

教材の工夫　読む・書く

〈図４〉、濁音・半濁音の読みが定着していなかったので、カードの表に文字を書き、裏に絵を描いた。読んだら、裏返して答えを確かめる。〈図５〉は、一人かるた。カード

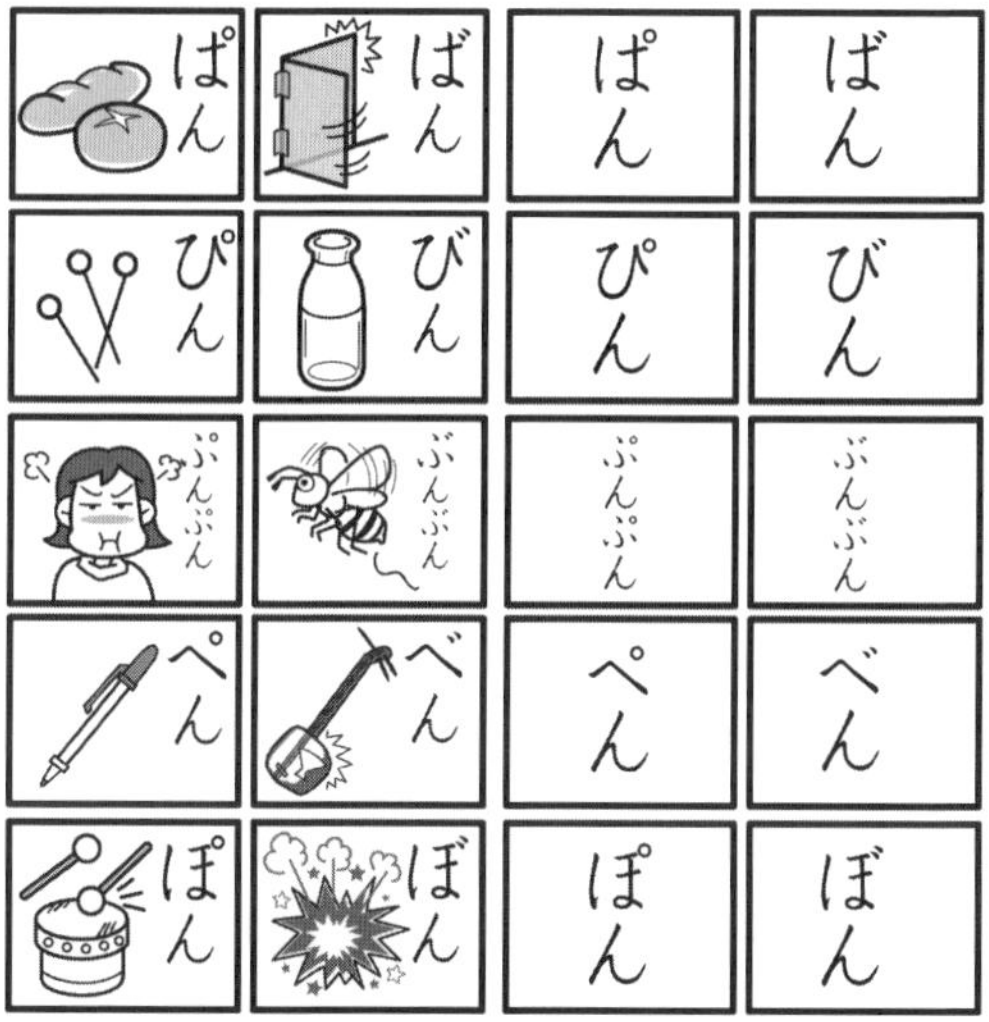

〈図４〉濁音、半濁音の読みを定着させるための教材を作った。

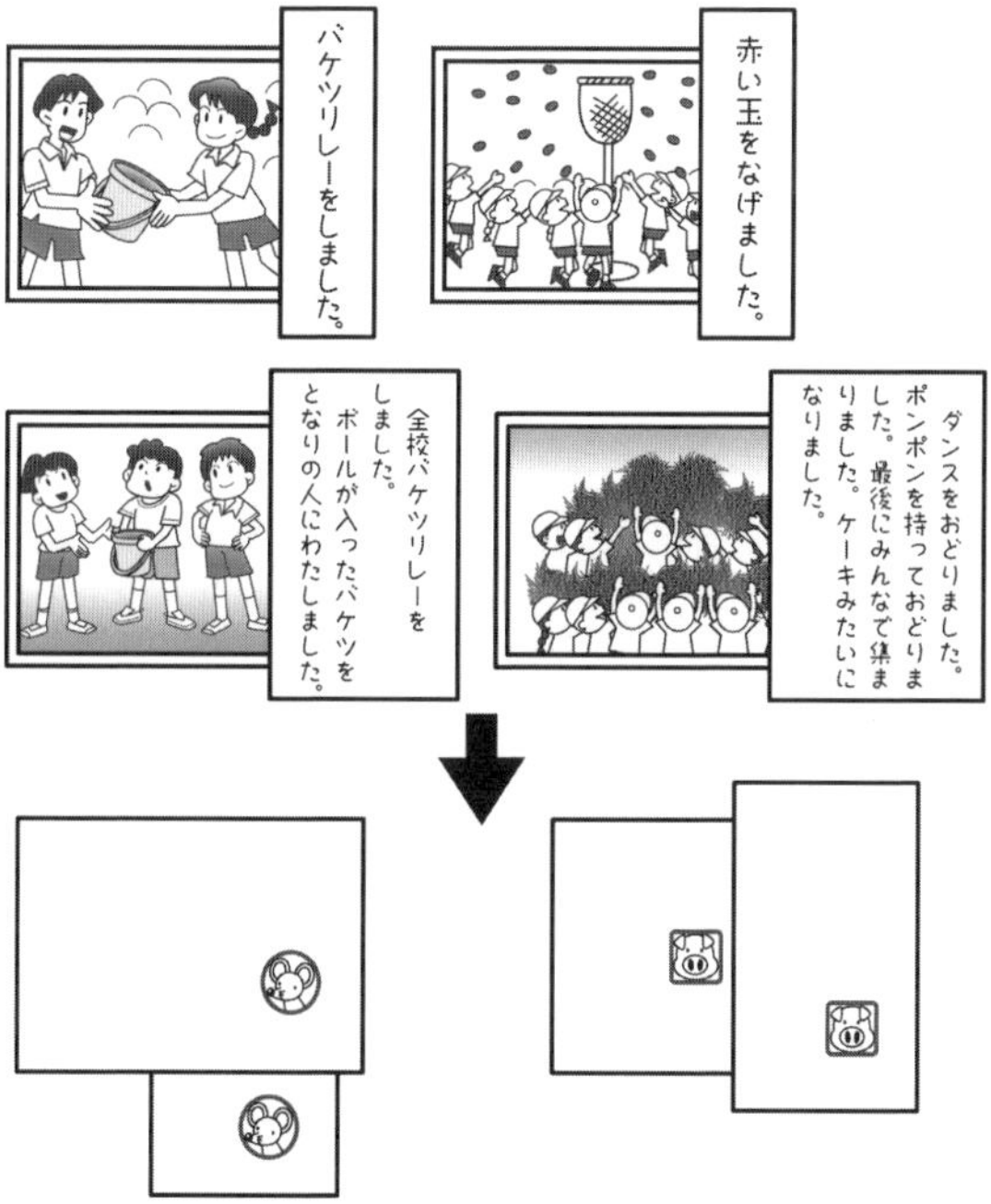

〈図５〉一人かるた。読み札の裏に押してあるはんこと、写真の裏のはんこが同じだったら正解である。じょうずに読めるようになったら、徐々に文章を長くする。なじみのあることがらを書いてあげると、取り組みやすい。

の文を読み、それに合った写真カードを見つけて重ねる。すらすら読めるようになったら、少し文を長くする。二枚のカードを裏返して、マークが同じなら正解だ。〈図6〉のように、

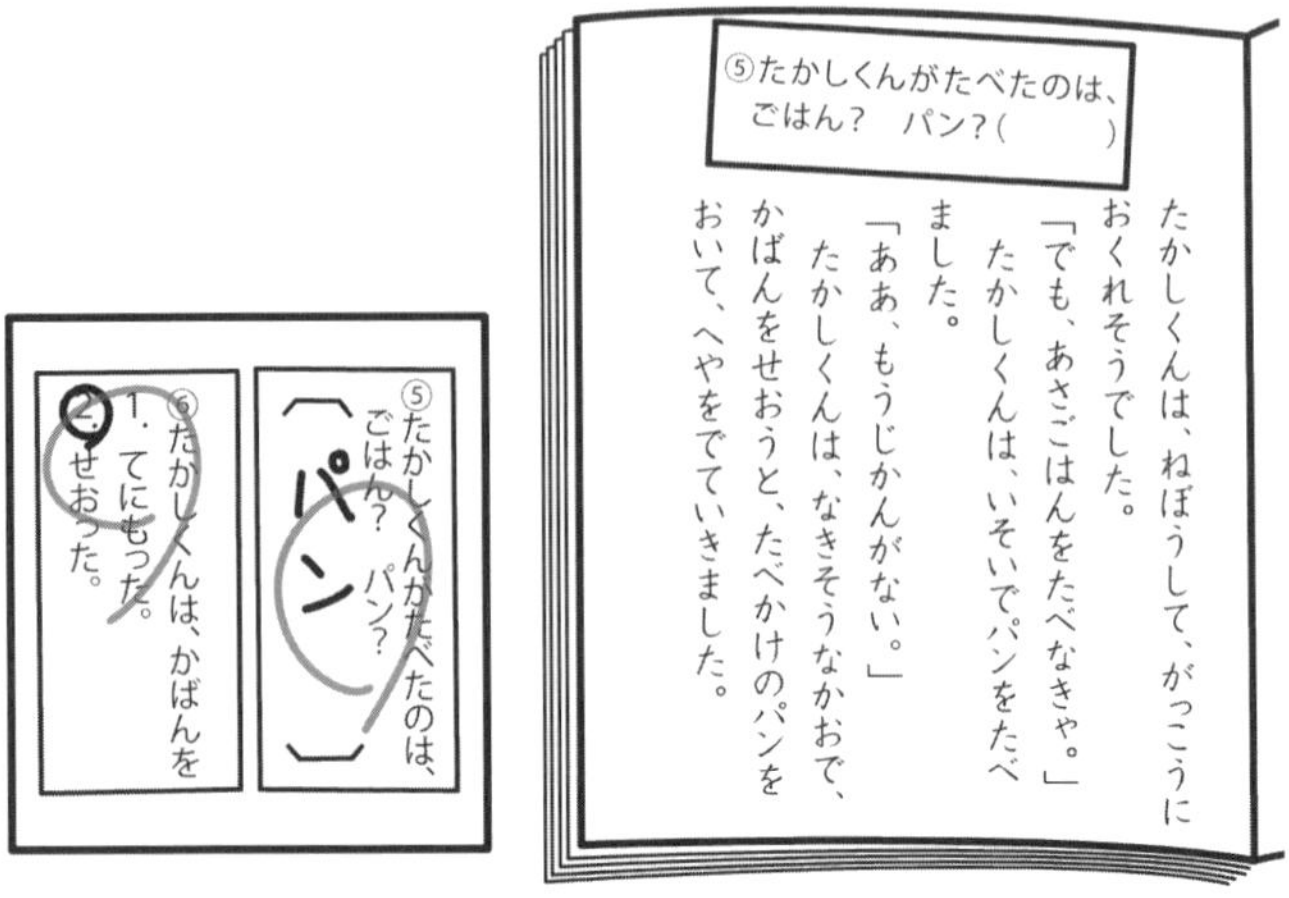

〈図6〉読み物のページの端に、設問を書いた付箋紙を貼る。

読み物のページの端に設問を書いた付箋紙をつけ、答えをノートに書き込ませてもいい。

書く練習では、書く前に、字の構成要素やバランスのとり方を言語化しておく（図7）。毎日見る時間割の文字や、子どもが好む言葉から練習を始める方法もある（図8）。

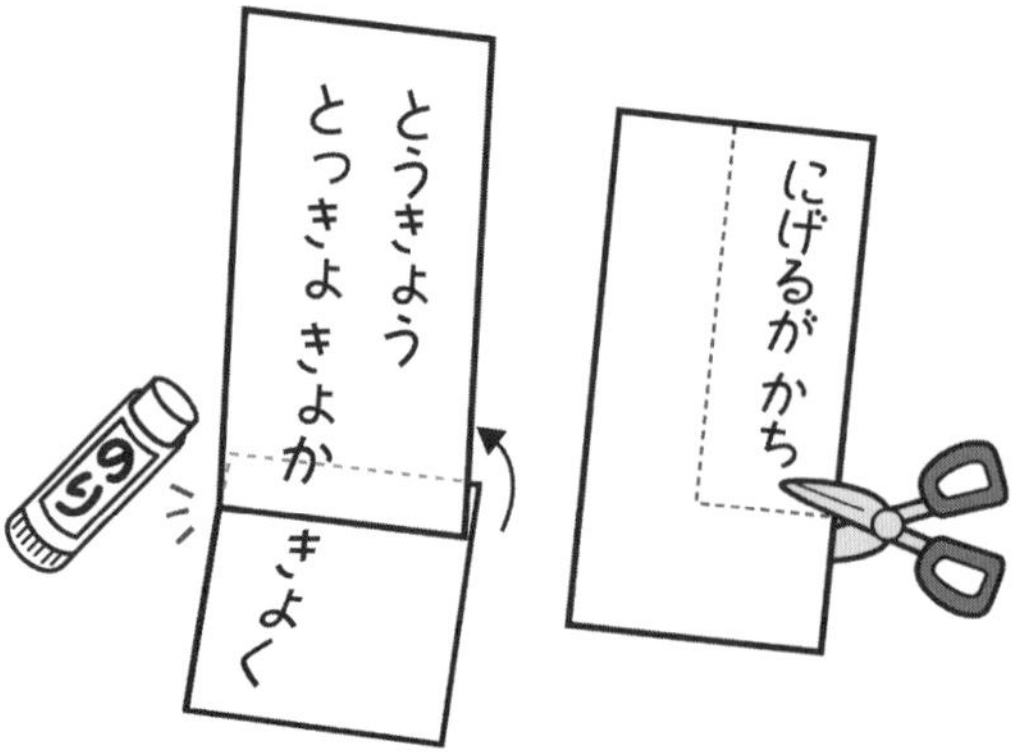

〈図8〉書きたくなる言葉を書く。書ききれなくなったら紙を足せばいい。余白ができたら切り取ればいい。

〈図 7〉漢字字形の整え方。書き方を言語化する。
梶原青城「楽しい書写学習－小中学校で学ぶ手書き文字」2009（非売品）より。

教材の工夫　生活で使える算数

算数指導では、正確かつ簡単に数える練習を繰り返しながら、少しずつ数量の概念をつかませたい〈図9〉。〈図10〉は、たくさんあるお菓子から、合計一〇〇円をつくる練習である。

お金の出し方も、練習が必要だ。〈図11〉のような教材を使えば、ひとりで取り組める。できてきたら、財布の中のお札と硬貨にバリエーションをつけ、いろいろなお金の出し方を経験させる。

練習した成果は、実際の買い物場面で生かそう。全校の家庭科クラブで使う材料の買い物を請け負うなどして、近くの店に出かける機会をつくるのだ。

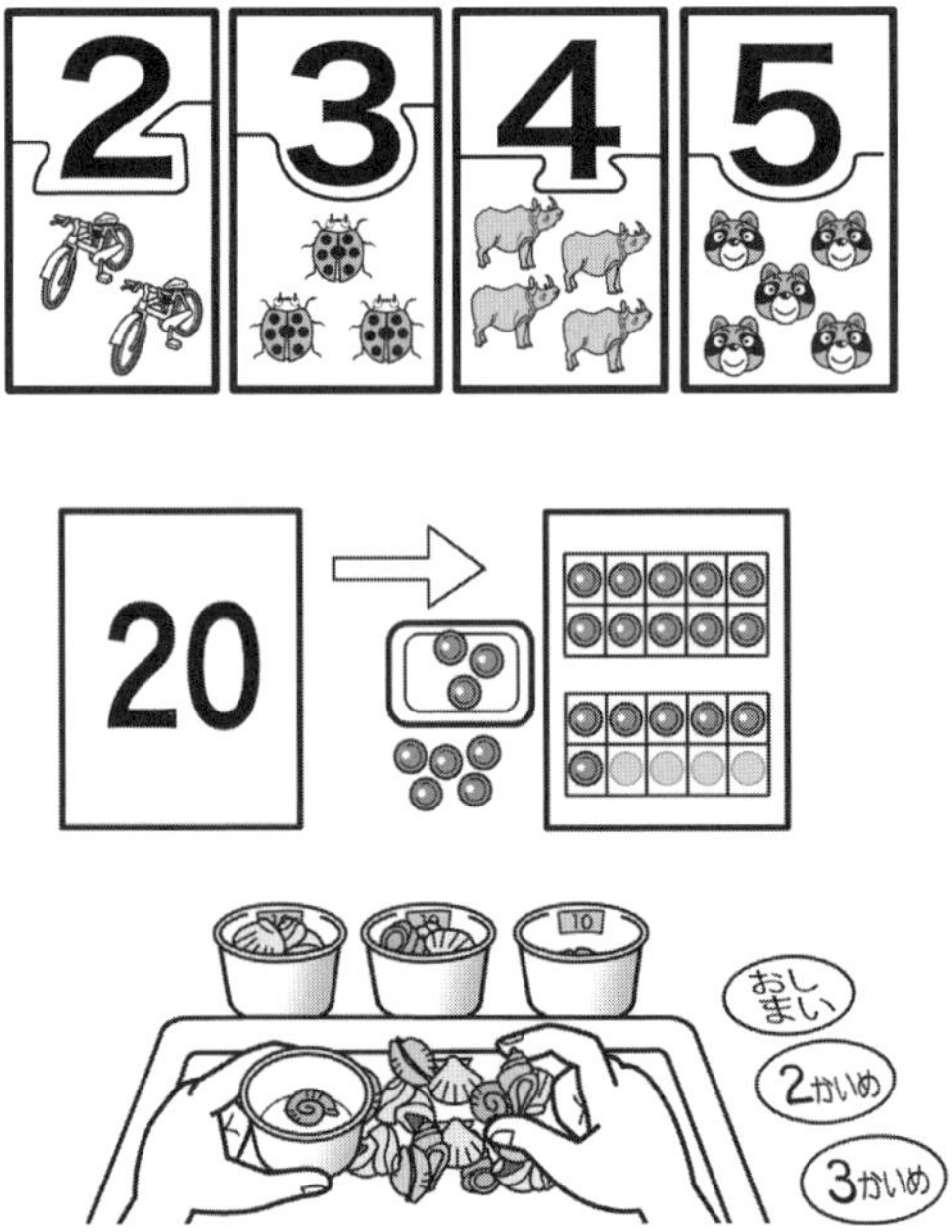

その1
正解すると、パズルが完成する。

その2
①おはじきを20個数える。
②カードを裏返し、数えたおはじきをマス目に置く。答え合わせが自分でできる。

その3
貝殻24個を、三回数える。一回数えるごとに、回数カードを裏返す。

〈図9〉正確に数える

〈図 10〉 2個で 100 円、3個で 100 円をつくる。数の合成・分解の学習でもある。できるようになったら、200 円、300 円と、金額を大きくする。

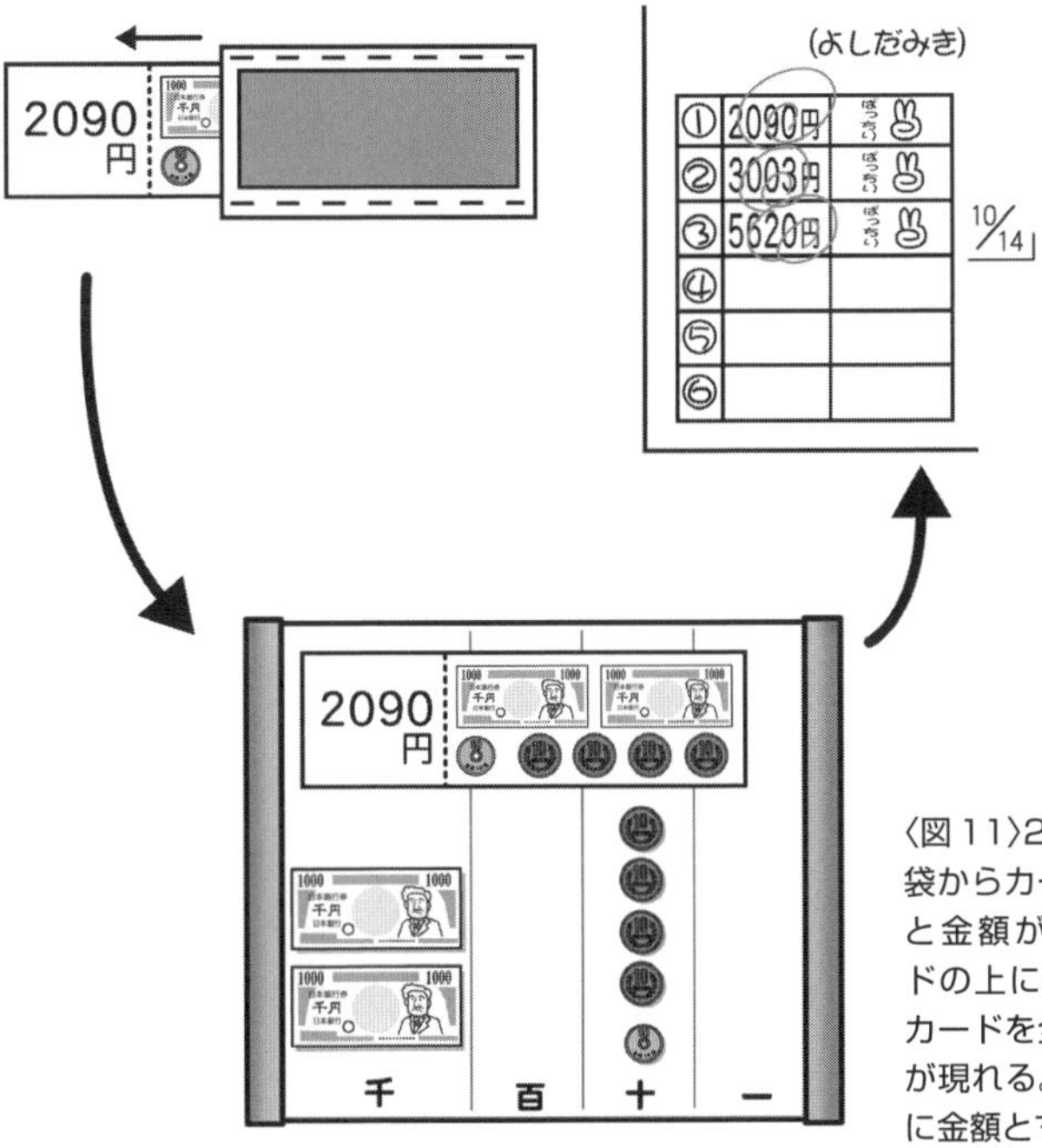

〈図 11〉2090円を出す練習。袋からカードを少し引き出すと金額が書いてある。ボードの上にお金を並べた後に、カードを全部引き出すと正解が現れる。できたらプリントに金額とマークを書き込む。

実践のためのヒントボード

入学式への参加を成功させるヒント

●式そのものの時間を短縮する。

●式に参加する時間を短くする（例えば、最後に入場して最初に退場する）。

●リハーサルをする（式の流れ、式の前後の待機場所と動き、保護者の動き等を確認する）。

●本番の会場設営により近い状況をつくってリハーサルをする。

●子どもにわかるような式次第を書いたメモを持たせる（絵や写真を使ってもいい）。

●子どもが不安にならない座席位置を決める。

●周りの教員の協力を得る（職員会議等で、心配される事項を具体的に検討する）。

●パニック時の対応を決める（パニックがひどくなる前に退出する、退出した後の待機場所と対応する教員を決めておく）。

●名まえの呼び方を保護者と相談する（交流学級の名簿のなかで呼名するか、特別支援学級の名簿のなかで呼名するか）。

●式の途中、静かに過ごすためのグッズを用意する（本や音の出ない玩具など）。

●仲のよい、モデルになる子どもとともに行動させる。

実践のためのヒントボード

授業の進行表

- ある国語の授業の進行表である。
- よく計画された複式授業だと思ってもらってもいい。
- 四人での「全体」指導から始まる。
- 「個別」指導の時間は、担任が、一人ひとりの子どもに付き添って教える。
- その間、ほかの子どもは、「ひとり課題」等に取り組む。
- 担任は、計画的に動こう。プリントが一枚できるごとに○をつけに動くようなことは、やめたい。

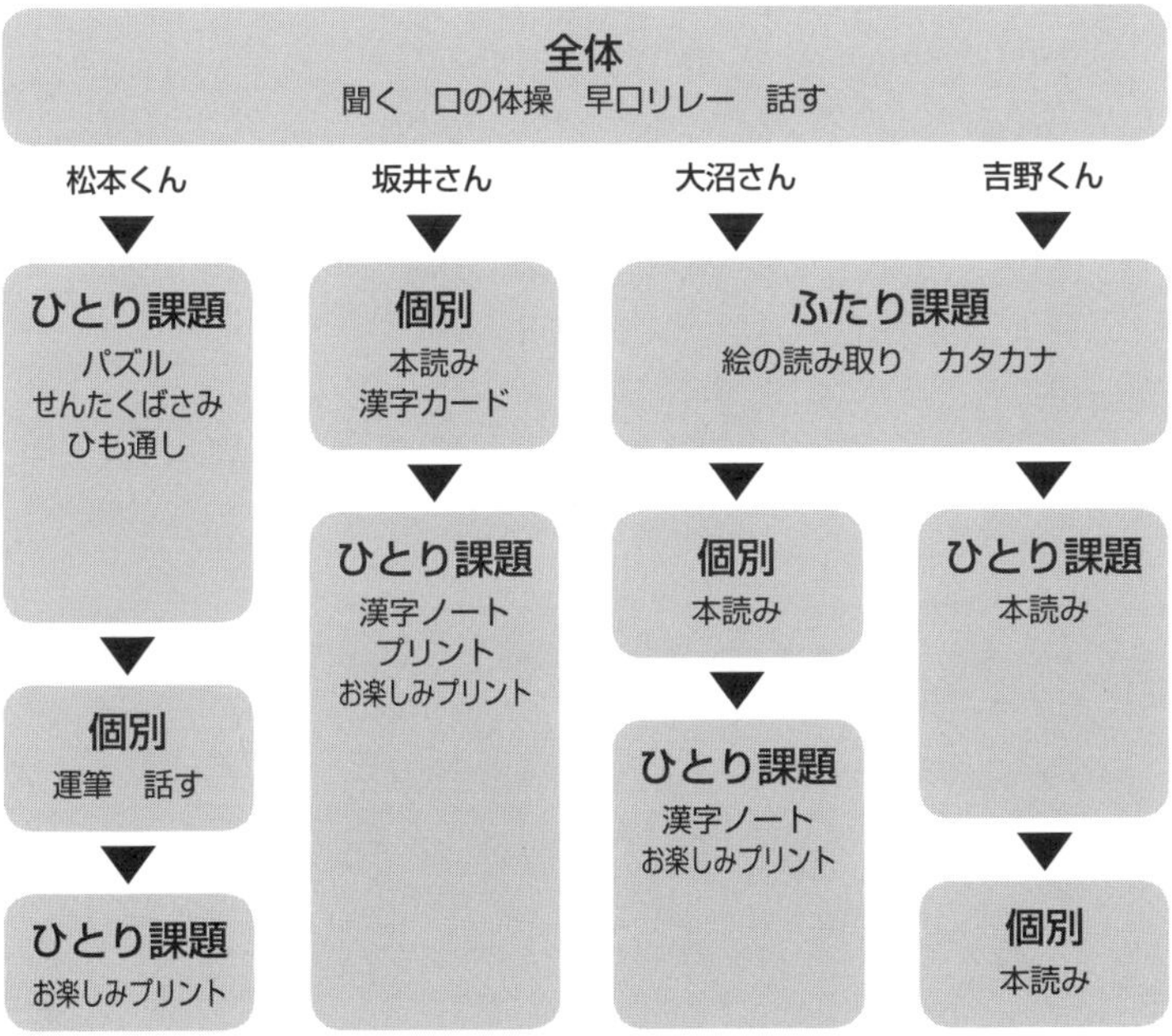

二章解説

授業づくりのはじめの一歩は、授業のしくみづくりと教材づくりである。

しくみづくりのキーワードは、「形式」である。教師の指示を理解したり、周囲の状況を読み取ったりするのが苦手な子どもたちには、「授業の形式」を示してあげたい。いつもの「形式」があれば、子どもたちは、言われなくてもよく動く。「形式」は、子どもを枠にはめるためにあるのではなく、自信をもって授業に取り組めるようにするためにあるのだ。

最も一般的な「授業の形式」は、全員でする活動と個別でする活動との両方で構成される。

短時間であっても、全員でする活動は入れてほしい。また、個別でする活動の時間には、メニューカードをはじめとした支援ツールやワークシステムなどを取り入れ、子どもが一人で一定時間、集中して課題に取り組めるよう指導しよう。大人になったときに、与えられた仕事を最後までやり遂げる力をつけてあげたいのである。

一方、しくみづくりとともに大切なのが、教材づくりである。

特別支援学級では、一人ひとりの子どもに合わせた、オーダーメイドの教材を作成するのが原則である。教材作成にあたっては、教師がわきについて学ばせる教材とともに、子どもがひとりで取り組めるように工夫をほどこした教材を考案してほしい。

［第三章］

五月――学級づくりのヒント

エピソード

朝の会が始まる。
あいさつの後、一人ずつ昨日あったことをお話しする。
ところどころ言いよどんでしまう松本君なのだが、
担任の太田先生と仲間の助けを借りながら、とつとつと言葉を紡いでいく。
最後まで話し切ると、太田先生から「はい、Aです」と声がかかる。
松本君は、机の片隅に貼られたカードに「A」と書き込む。
そこにはすでに四〇個余りの「A」が並んでいた。
会が終わると、一時間目は体育である。
自分たちで準備をしていつもの場所に集合すると「A」、
仲間の演技を応援していると「はい、これもAです」と、
その場でほめてもらえる。
てきぱきと動く子どもたちが、とても輝いて見えた。
その姿を、太田先生はじっと見守る。
「A」は、子どもと担任とを結ぶ、絆のサインでもあった。

あたたかな学級には、一人ひとりの子どもの成長を切に願う担任と、その思いに応えようとけなげに頑張る子どもの姿がある。
学級づくりの向かう先が、そこにある。

「軸」を定める

五月。子どもたちの様子がだいぶわかってきたところで、本格的な学級づくりに着手しよう。

通常の学級でも特別支援学級でも、学級づくりには、ぶれない「軸」が必要だ。それは、「あなたたちには、これができるようになってほしい」という、一貫した担任の願いである。〈図1〉は、六年生の子どもが使っているチェックカードである。

できてはいるけれど、しっかり定着させたい事項を絞り込み、具体的に書いた。言葉遣

	月	火	水	木	金
筆箱の中身がそろう	B	B	B	○	○
ランドセルの中がきれい(朝)	○	○	B	○	○
朝の荷物だし3分以内	○	○	○	○	○
10時までに寝る	B	B	B	○	
朝、自分で起きる	B	○	B	B	
口の周りがきれい(朝)	○	○	○	○	
洋服をきちんとたたむ(学校)	／	○	○	／	
下級生にやさしく注意する	○	○	○	○	
掃除の始まりに間に合うように行く	／	○	○	○	
●評価●	4	7	5	7	

Bが一日に5こついたらプリントを一枚する

〈図1〉6年生のチェックカード。あと少しで定着しそうなことを、項目に掲げる。

いや身だしなみなど、直しておかないと将来不利益な扱いを受ける可能性があることがらも取り上げておく。

また、「……しない」といった否定・禁止表現は避け、どのように振る舞ったらいいのかを具体的に示そう。たとえば、「下級生に乱暴な言い方をしない」ではなく、「下級生にやさしく注意する」と書く。

こうして、子どもにしてほしいことを端的に伝え、できたら○、そうでなければBとする。Bがつきがちな項目については、その子にできないことを求めていないか、また、手だてが不足していないか、早めに見直そう。

一方、**〈図2、3〉**のような、クラスで取り組む「軸」も必要だ。期待する行動を具体的に書き出し、達成したら認定証を交付する**〈図4〉**。

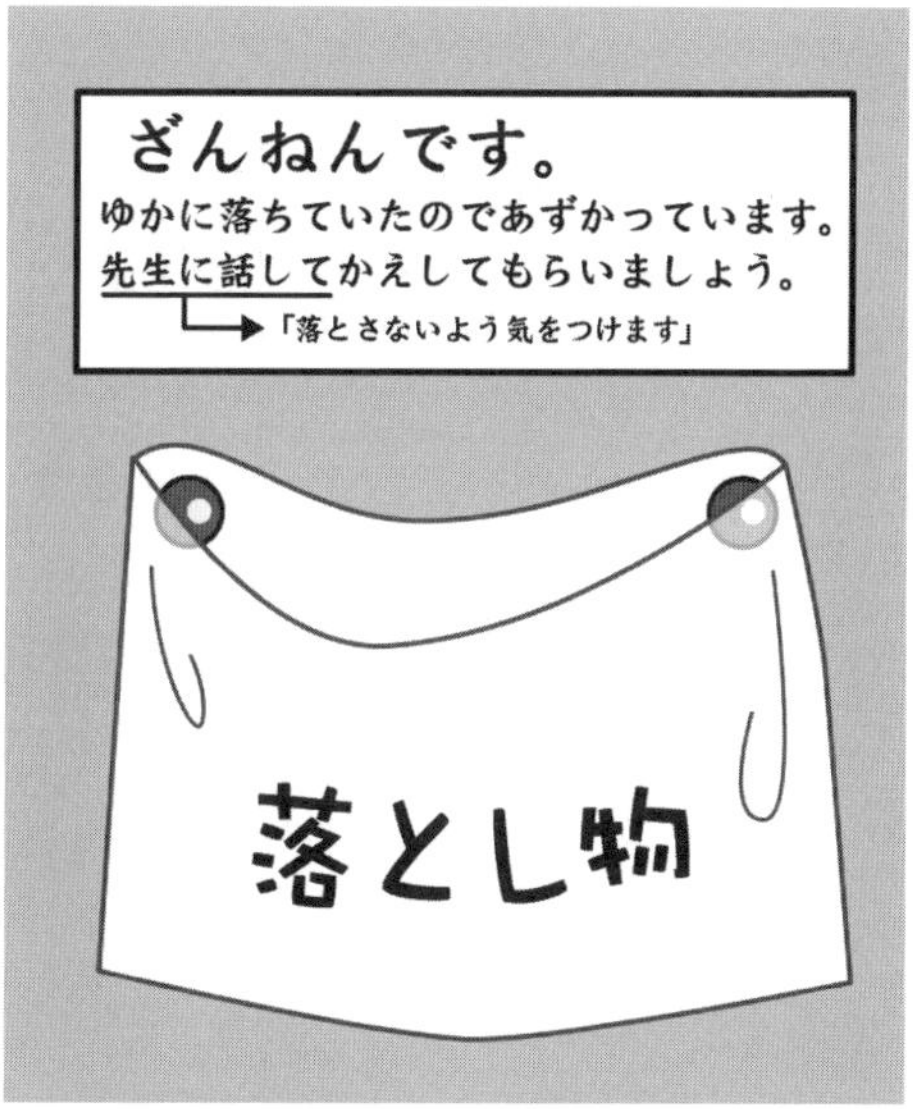

〈図 2〉落とし物をしないように注意を促す。返却してもらう時の言葉も提示した。

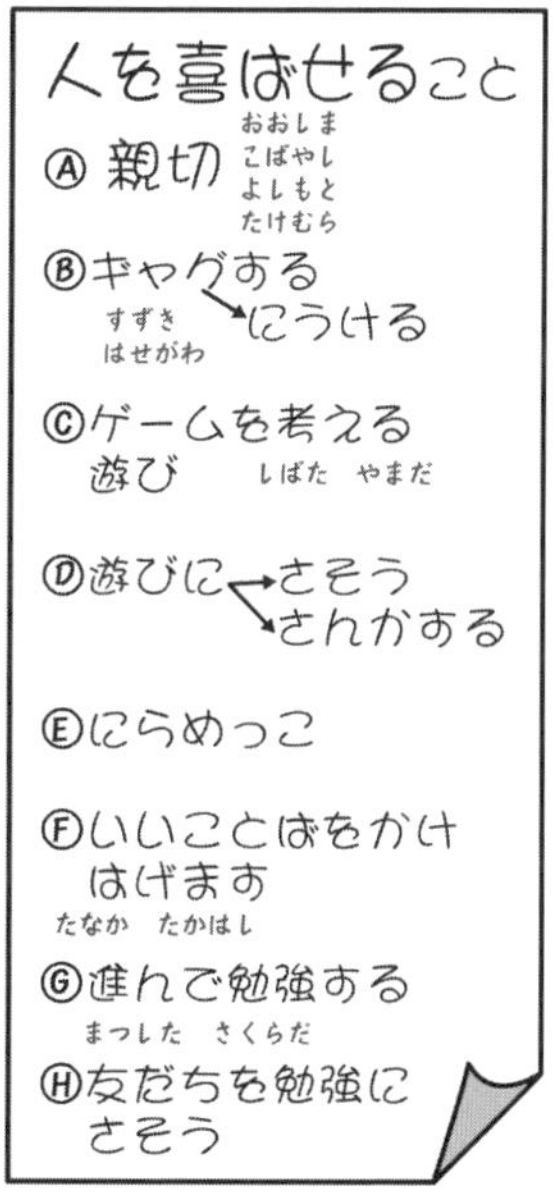

〈図 3〉どんなことをしたら人が喜んでくれるのかを示した。

〈図 4〉認定証を収めたクリアブック。努力目標に向けて、できたことは形にして残す。

〈図5〉のように、学年が上がるとともにレベルアップするのだという意識を子どもにもたせることも大切である。

〈図 5〉低・中・高学年の目標。学年が上がるとレベルアップする。

「構造」を考える

「軸」とともに大切にしたいのが、年間を通した、学級づくりの「構造」である。教育課程と対応させるなら、「総合的な学習の時間」や、領域・教科を合わせた指導の代表的形態である「生活単元学習」〈注〉の年間指導計画と、密接な関連をもたせながら組み立てる。〈図6〉に、「構造」の一例を示した。「学校生活を楽しむ」「生活世界を広げる」そして「勤勉性を身につける」といった大枠をつくり、それぞれの枠組みごとに、具体的な活動を配列していった。

「学校生活を楽しむ」では、学級紹介から発表会までの一年間を通して、「あそび」を柱とした学級づくりを展開した（図7）。「生

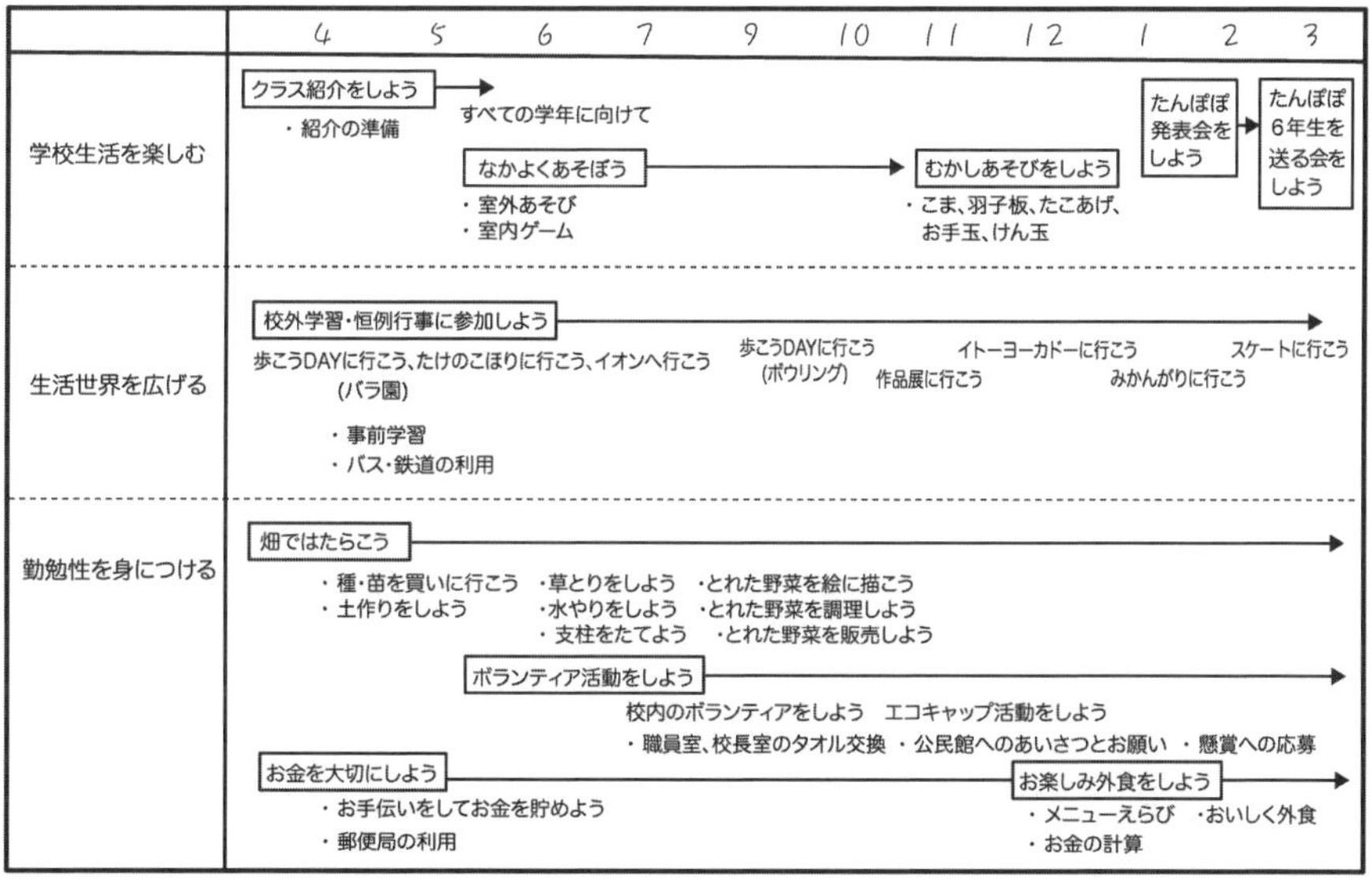

〈図6〉学級づくりの「構造」。枠組みごとに、一年間の活動を配列した。

〈注〉生活単元学習
生活上の課題処理や課題解決のための一連の目的活動を組織的に経験させることによって、自立的な生活に必要なことがらを実際的、総合的に学習させようとする指導の形態。

活世界を広げる」では、系統的な活動として、月一回の校外学習を企画した（図8）。日々の生活に向かう先をもたせるとともに、子どもを社会とつなげていくのがねらいである。地域の商業・娯楽施設や公共交通機関の利用法を学ばせよう。

また、それらを恒例行事として位置づけることも、特別支援学級の学級づくりには欠かせない。毎年その季節になると「今年はスケートに行かないの？」と子どもが尋ねてくるような、年度を越えて繰り返す活動を用意したい。

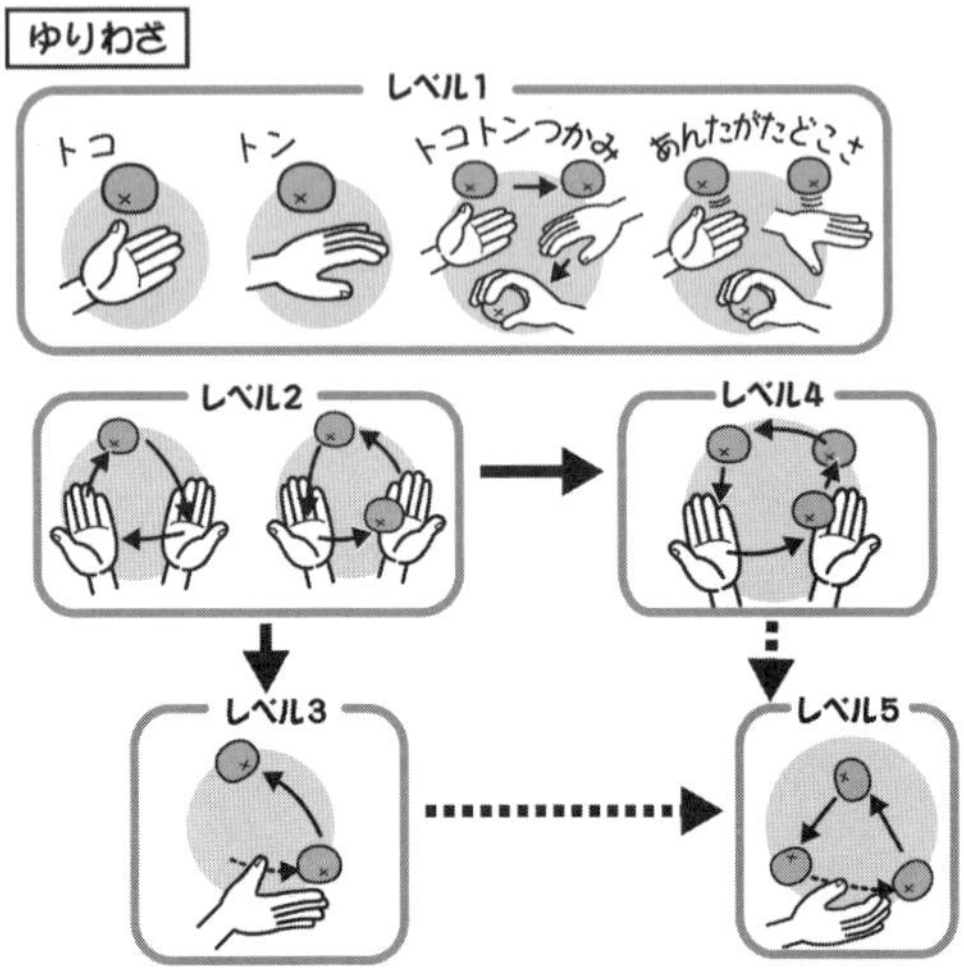

●昔なつかしお手玉遊び●

ゆりわざ

レベル	わざ	合格者
1	トコ（10） トン（10） トコトンつかみ あんたがたどこさ	川崎　樋口　中井　山本　和田
2	玉1・両手（10）	中井　樋口　川崎
	玉2・両手（10）	中井　川崎　和田
3	玉2・片手（10）	山本　川崎
4	玉3・両手（10）	
5	玉3・片手（10）	

〈図 7〉お手玉遊びの技。一つ技を身につけるごとに、合格者として名前が書き込まれる。

ごほうびカレンダー
みんなでがんばってチケットをゲット！

月	4	5	6	7	9	10	11	12	1	2	3
こんなことがあるよ	歩こうDAY(バラえん)	たけのこほり	たんぽぽがっしゅく	イオンへ行こう	歩こうDAY（ボウリング）	さくひんてんへ行こう	たんじょう日会	イトーヨーカドーへ行こう	みかんがりに行こう	スケートに行こう	たんじょう日会
チケットゲット	山 中 吉 井 岡	中 山 岡 吉 井	岡 吉 山 井 中	井 中 吉 山 岡	山 岡 中 井 吉	岡 中 山 吉 井	中 井				

〈図 8〉ごほうびカレンダー。楽しい行事が毎月企画されている。参加するためには、日ごろの生活を頑張り、チケットをゲットする必要がある。ゲットできた子どもはシールを貼る。

〈図 9-1〉草取りをさせたら、おくらの苗と雑草との区別がつきにくかった。苗にカバーをかけた。

〈図 9-2〉草を取る範囲を、輪で示した。

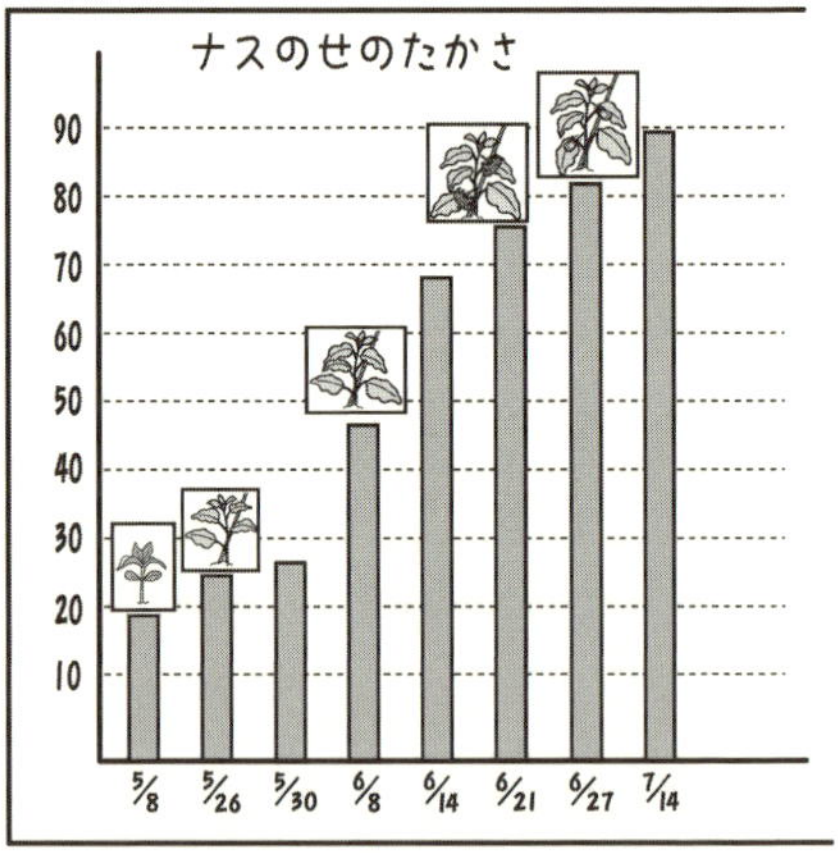

〈図 9-3〉なすの背の高さを記録する。世話をしたなすの成長を記録することで、働く喜びがわいてくる。

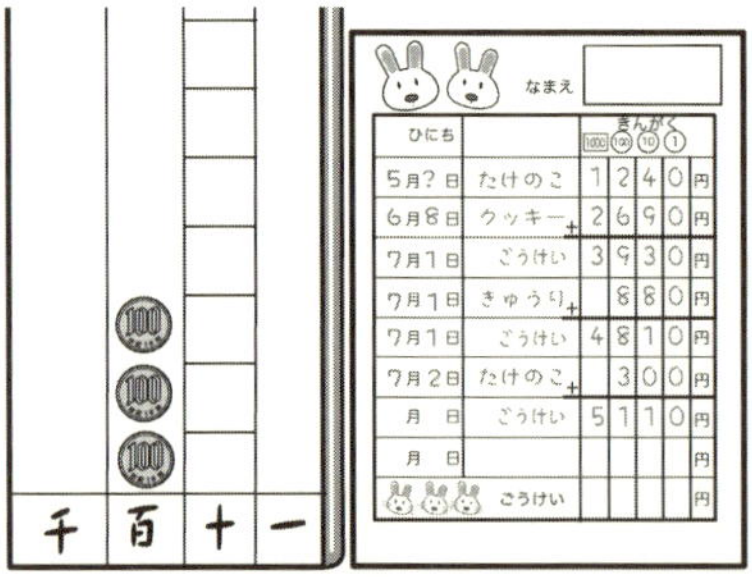

〈図 9-4〉算数の時間に使っているお金のボードを使って、売り上げを計算した。

残る一つの枠組みは、「勤勉性を身につける」である。勤勉性とは、「その年齢の子どもが社会から期待されている活動に、習慣的・継続的に取り組むこと」である。「畑で働こう」では、土づくりから収穫まで、できる作業にはすべて取り組ませ、調理・販売活動へとつなげた（図9）。販売となると、収穫量の確保と年間を通した作付け計画が求められる。勤勉に働き続ける姿を周囲の人から認めてもらうことで、社会との良好な関係を築く基盤を培いたい。

また、エコキャップのボランティア活動では、公民館に協力を要請した。キャップについているシールを集めて、懸賞に応募するお楽しみつきである。幸運にも当選し、クラスでお祝いをした（図10）。

なお、それぞれの活動が完結するごとに、振り返りは必ず実施しよう。学級の歴史づくりや壁新聞づくりなどをとおして、体験を言葉に残す指導を続けたい。

〈図 10〉キャップ回収のボランティア活動。ペットボトルのキャップから懸賞シールをはがして応募する楽しみもある。

三章解説

特別支援学級を担任する教員には、通常の学級を切り盛りする学級経営手腕が要求される。特別支援教育にかかわる知識や技術だけでは、特別支援学級の学級経営はできない。

その学級経営だが、昔から「六月までの学級経営」と言われてきた。おおかたこの時期までに学級経営の基盤を整えておかないと、一年間とても苦労することになるという先輩教員からの言い伝えだ。

「軸」とか「構造」とかをことさら強調したのは、そのような経験知を意識してのことである。

簡単に振り返ろう。「軸」の設定にあたっては、普段の生活のなかで、それぞれの子どもに定着させたい行動を具体化する。また、将来に向けて身につけさせたい行動、あるいは直しておきたい行動も書き出してみよう。その際、気をつけたいのが、「できないことを子どもに求めない」ことである。子どもに試行的な指導を繰り返しながら、どこまでができていて、どこから先ができていないのかを見極めてほしい。その上で、ちょっとした手助けがあればできることや、あと少し練習をすれば定着が図れそうなことを、指導の「軸」として定めよう。

もう一つは、学級づくりの「構造」だった。どの時期にどんな活動をしくむのか、学級づくりの年間プランを表にしよう。野菜づくりなら、調理、販売にいたるまでの活動計画を詳細に吟味する。収穫が本格化するまでの間には、宿泊学習をしくんだりして、活動に空白ができないようにする。

［第四章］

六月──保護者との関係づくり

エピソード

矢野先生のクラスでは、一年を通じて、四つの「自主勉」が用意されている。調理、買い物、くつ洗い、そして家のお手伝いである。

自主勉をしてくると、自分で作った宿題ファイルの表紙に、好きなシールを一枚貼っていいことになっている。

学期末になると、ぼろぼろになった表紙が、シールで埋めつくされる。

さて週末のある日、矢野先生が、休日にしてほしいお手伝いの話をしていたところ、奈美さんが「先生、宿題にしないで」と言いに来た。

わけを尋ねると、

「だって、先生が宿題出したら自主勉じゃなくなっちゃうもん」と奈美さん。

なるほど…矢野先生は宿題にするのをやめた。

保護者との関係づくりには、手だてがいる。宿題も、その一つである。
第四章では、保護者とともに子どもを育てようとしたときに、
担任として何ができるのかを考えていこう。

連絡帳から

六月、そろそろ学期末が見えてくるこの時期。保護者懇談会を予定している学校も多いと思う。

初めての懇談となると、少々身構えてしまうかもしれないが、保護者はそれ以上に緊張している。とりあえずは、お互いが気持ちよく話せることを目標にしよう。

とはいえ、それには、日ごろからいい関係を保っておく必要がある。その基本は、やはり連絡帳によるやりとりだろう。保護者は、我が子がどのように一日を過ごしているのか

チェック	時間割		持ってくるもの		しゅくだい		ハンカチ	
	ティッシュ		つめ		はみがき(夜)		はみがき(朝)	
担任より	2分の1成人式をしました。成長した姿に感激です。 “10才でがんばること”をかきました。おうちで準備をしていただいたのですね。ありがとうございました。							印 山下 大野
保護者より								

〈図 1〉「担任より」の欄。上段は交流学級の担任が、下段は特別支援学級の担任がメッセージを書く。

知りたがっている。〈図1〉のように、交流学級の担任にも、一言メッセージを書いてもらうといい。

学校に送り出す

関係づくりのヒントは、まだある。

毎朝、必要な準備をさせて、機嫌よく送り出す。それだけでも、ひと苦労なのだ。そこを、少しでも手助けしてあげたい。

〈図2〉は、保護者の作品である。曜日ごとにハンカチポケットを作ったところ、朝の準備が早くなるとともに、日にちの感覚がつかめるようになったそうだ。

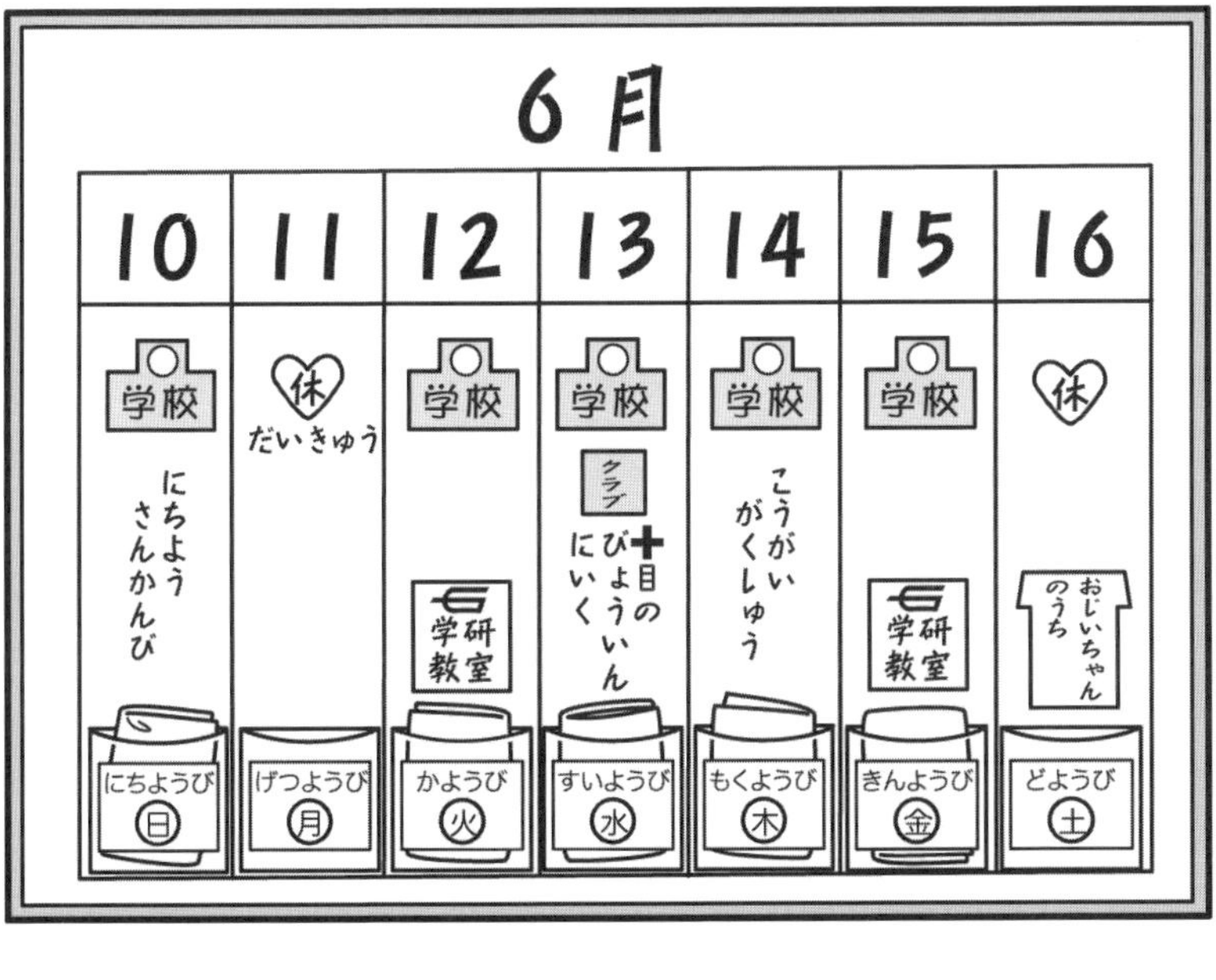

〈図 2〉曜日ごとにハンカチ入れを用意し、その日の予定もわかるようにした。

〈図3〉は、夏休み明けのチェックシートである。身だしなみや持ち物を子どもといっしょに確認できるよう作成した。

さあ9月スタート！

9月からつかうものをチェックしましょう!!

名まえがかいてあるかもかならず見てね。（バッチリだったら□をぬりましょう）

【1日のみだしなみ】

□ なふだ(ぼうはんぶえ)　□ ハンカチ
□ ティッシュ　□ さわやかなえがお
□ きれいなつめ　□ やる気いっぱいの体
□ かっこいいせいふく
・ボタンをきちんとはめていますか？
・シャツがズボンやスカートからでていませんか?

【1日にもってくるもの】

□ うわばき（はまるかな？）　□ たいいくかんシューズ（はまるかな？）
□ ふでばこ（けずったえんぴつ3〜4本、けしごむ、赤えんぴつ、マイネーム、さし）
□ れんらくちょう　□ おてがみファイル
□ マスク（ゴムはのびてないですか？）　□はみがきセット
□きゅうしょくタオル　□赤白ぼうし（ゴムはのびてないですか？）
□おどうぐばこ
・クーピー（なくなっている色はありませんか？）
・のり（なかみはありますか？）
・はさみ（のりがついていたりして、きれにくくなっていませんか？）
・いろがみ
・そのた学年でつかうもの（30cmさし、木工用ボンド、セロハンテープなど）
□ぞうきん2まい（なまえはかかなくていいよ）
□がんばったしゅくだい　□レジぶくろ　2まい

【そのうちもってくるもの】

□ えのぐセット
（なくなっている色はありませんか？　ふではいたんでいませんか？）
□ たいそうふく（なふだはきちんとついていますか？）
□ しゅうじどうぐ（ふではいたんでいませんか？　ぼくじゅうや半紙はありますか？）
□ そのた学年でつかうもの（さいほうセット、さんすうセットなど）

〈図3〉長期の休み明けに持ってくるものを、チェックシートで確認した。

〈図4〉は、子どもに宛てた暑中見舞いはがきである。クイズの正解は、学校に来てからのお楽しみ。年賀状にも使えるアイディアだ。

〈図4〉子どもが楽しめる、まちがい探し。

宿題を媒介にする

宿題も、担任と保護者をつなぐ。〈図5〉は、「調理」の宿題ファイルである。見開きの左

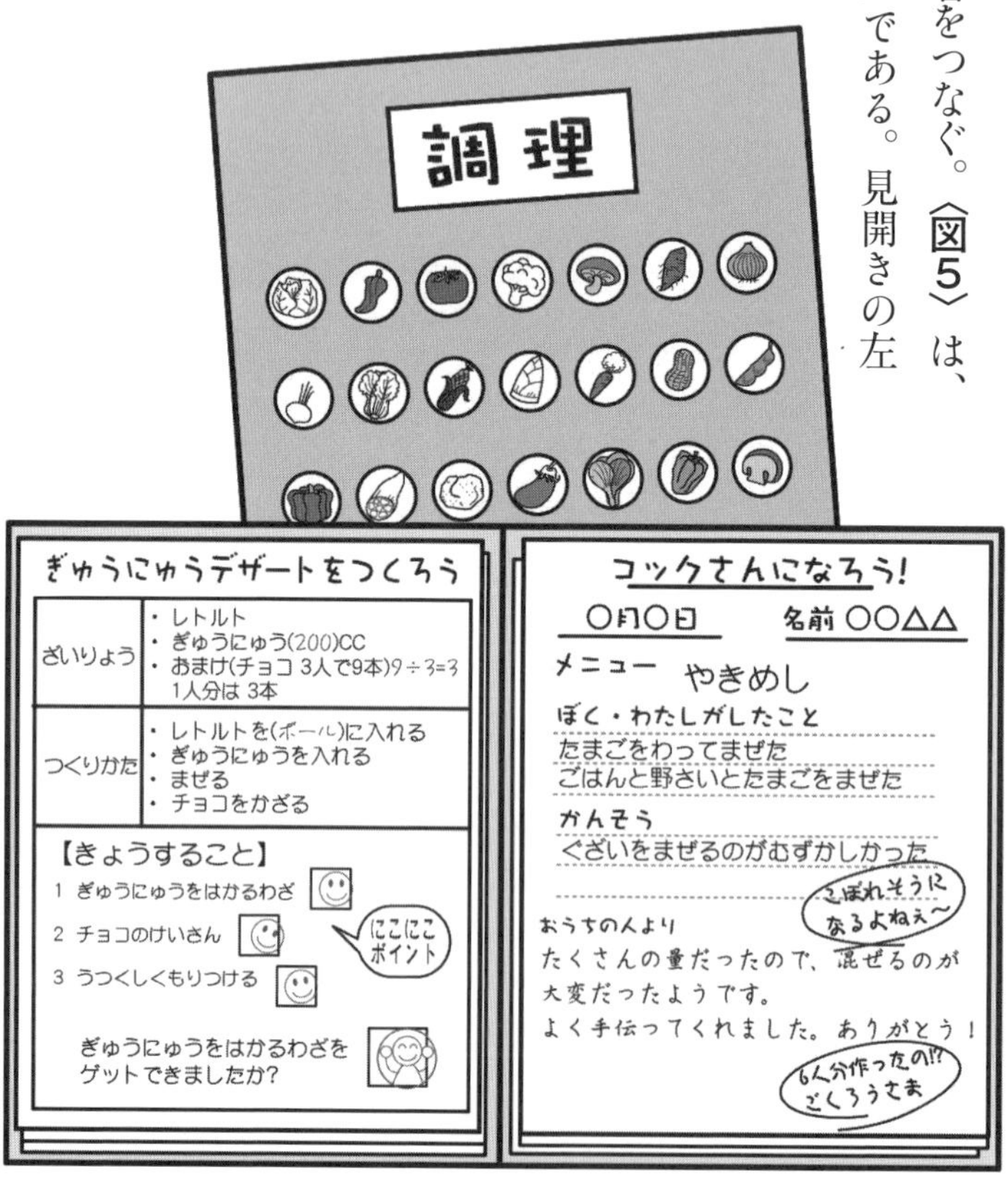

調理
ぎゅうにゅうデザートをつくろう
ざいりょう
・レトルト
・ぎゅうにゅう(200)CC
・おまけ(チョコ 3人で9本)9÷3=3
1人分は 3本
つくりかた
・レトルトを(ボール)に入れる
・ぎゅうにゅうを入れる
・まぜる
・チョコをかざる
【きょうすること】
1 ぎゅうにゅうをはかるわざ
2 チョコのけいさん
3 うつくしくもりつける
にこにこポイント
ぎゅうにゅうをはかるわざをゲットできましたか?
コックさんになろう!
〇月〇日
名前 〇〇△△
メニュー やきめし
ぼく・わたしがしたこと
たまごをわってまぜた
ごはんと野さいとたまごをまぜた
かんそう
ぐざいをまぜるのがむずかしかった
こぼれそうになるよねぇ〜
おうちの人より
たくさんの量だったので、混ぜるのが
大変だったようです。
よく手伝ってくれました。ありがとう!
6人分作ったの!?
ごくろうさま

〈図5〉調理ファイルを開けると、左側には学校で作ったメニュー。右側は、宿題として家庭でしたことと、保護者からのコメントを記入する。

側には、家庭科の時間に書き込んだワークシートを重ねた。右側は、家庭で挑戦した調理の記録である。〈図6〉は、「買い物」の宿題である。買う品物を決めるところから、お金の準備や店での振る舞い方まで、手順を細かく示した。帰ったら、レシートを添付し、お釣りを確認する。〈図7〉は、聞き取りの宿題である。テレビでニュースが流れていても、肝心なことが聞けていない子どもたちである。聞き取りのフォーマットを作成し、メモをとってくるのを宿題にした。学校に来たら、メモを見ながら友だちに伝える。

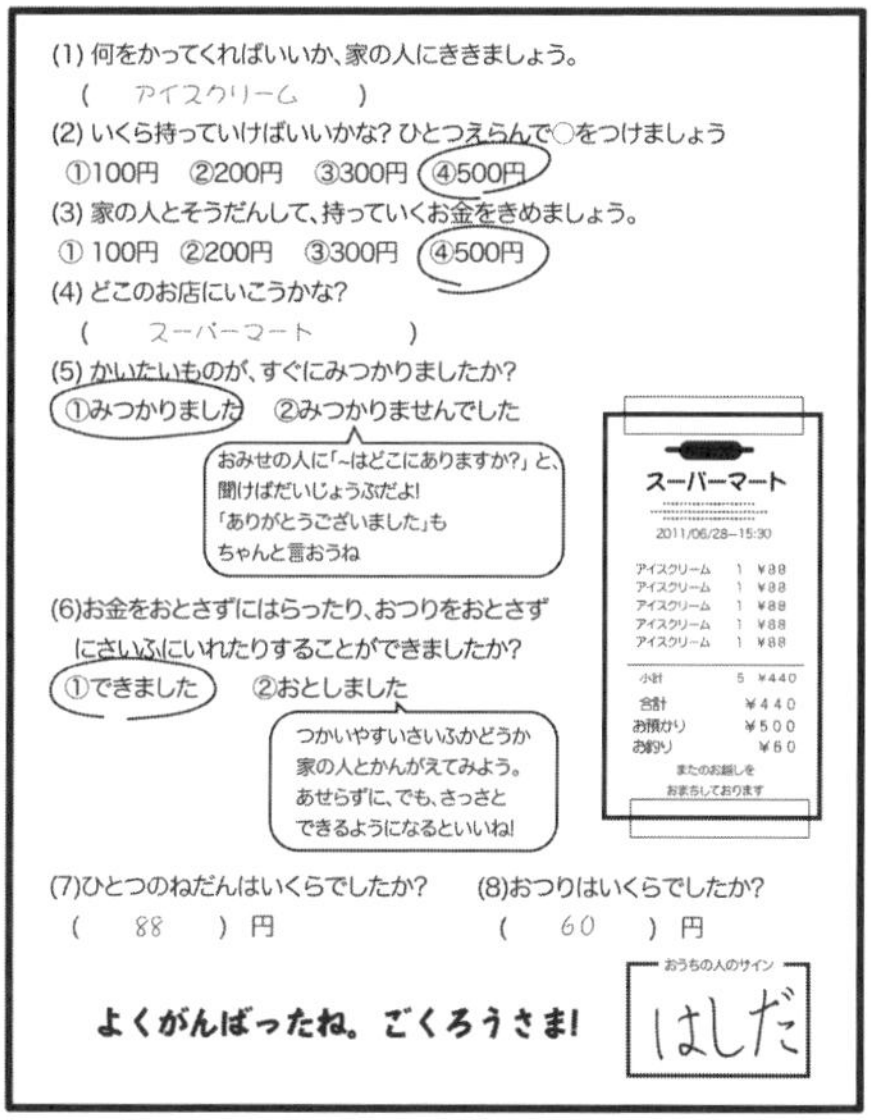

〈図 6〉買い物の宿題。持っていく金額を決めるとともに、商品が見つからなかったときの対処方法を練習する。

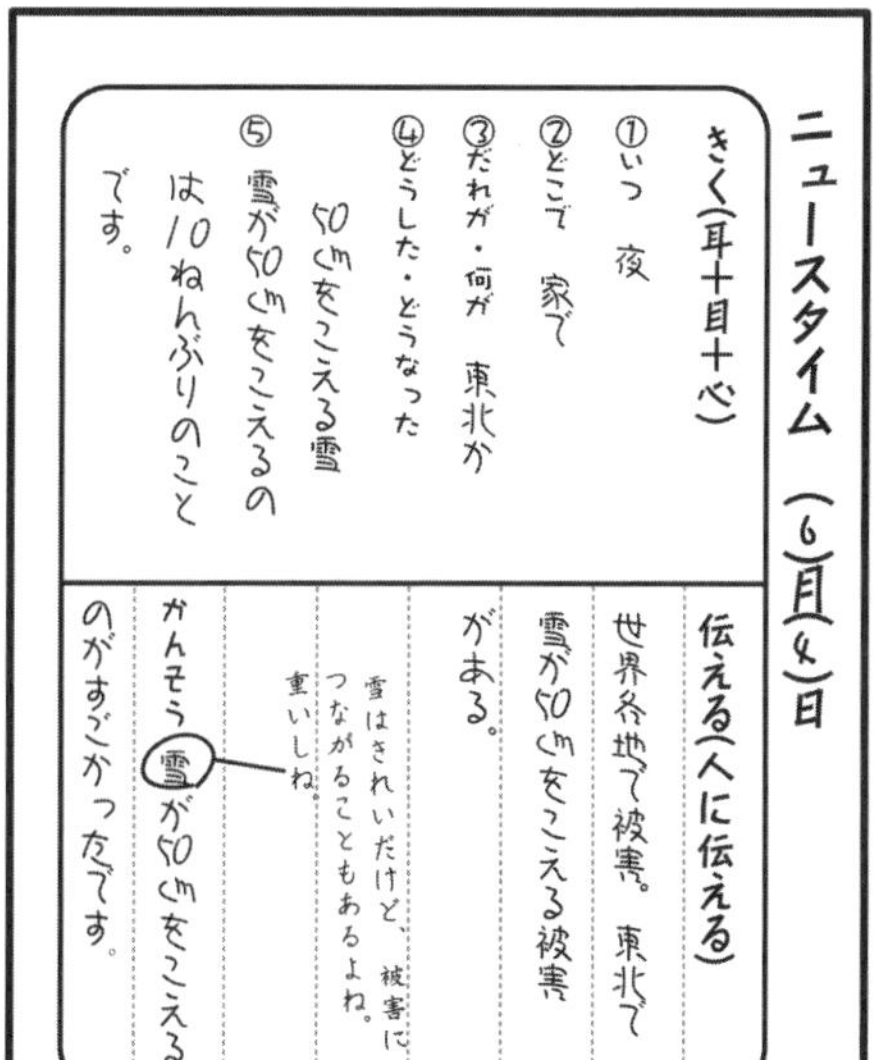

〈図 7〉テレビのニュースを聞き取って、要点を書き込む宿題。コメントを書いたり、文字を修正したりしよう。

家庭生活を支援する

家庭生活の主導権は、親がもっていたい。しかし実際には、子どもに振り回されている親も少なくない。家庭の生活すべてに介入するのは無理だとしても、担任として手助けできることはある。

まずは、身の回りのことから。できることは自分でさせよう。食事の後、自分の器は自分で運ぶ。くつ洗いも、自分でする〈図8〉。

家の手伝いをするのも、当たり前にしよう。〈図9〉は、お風呂洗いの手順だ。かわいらしい絵は、子どもが描いた。

最後に、〈図10〉。連休中に家庭ですることを、宿題カードにしてあげた。楽しげな課題がたくさん並んでいる。

〈図8〉「くつ洗い」の宿題ファイル。洗えたら、保護者と担任がサインを入れる 。

〈図 9〉子どもが描いた手順カード。ひとりでお手伝いができると、達成感も高まる 。

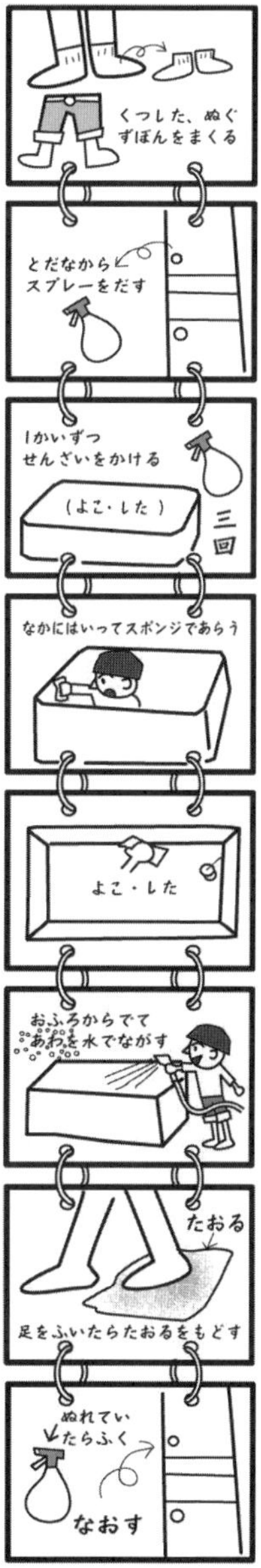

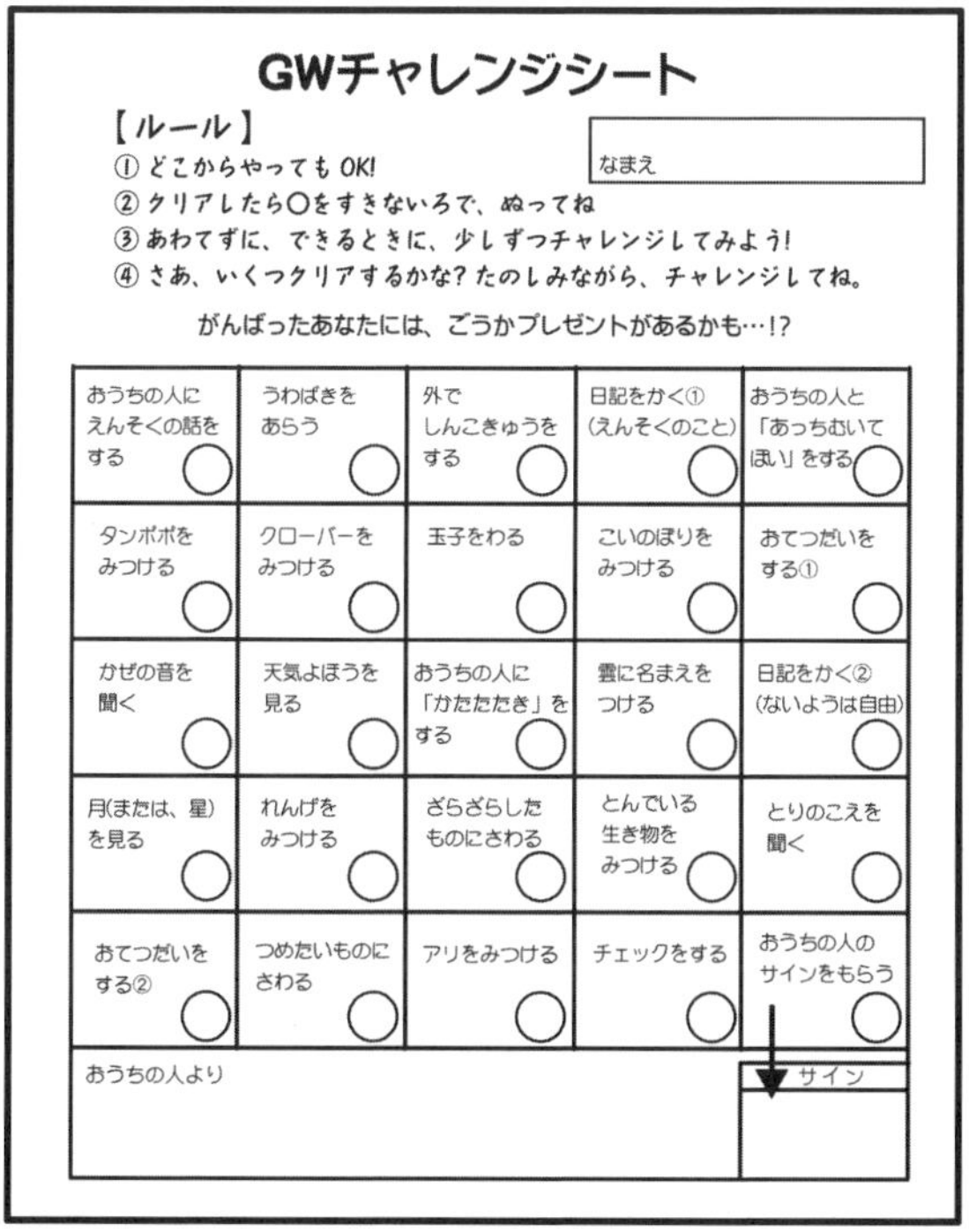

GWチャレンジシート

【ルール】

なまえ

① どこからやっても OK!
② クリアしたら○をすきないろで、ぬってね
③ あわてずに、できるときに、少しずつチャレンジしてみよう!
④ さあ、いくつクリアするかな? たのしみながら、チャレンジしてね。

がんばったあなたには、ごうかプレゼントがあるかも…!?

おうちの人にえんそくの話をする ○	うわばきをあらう ○	外でしんこきゅうをする ○	日記をかく①(えんそくのこと) ○	おうちの人と「あっちむいてほい」をする ○
タンポポをみつける ○	クローバーをみつける ○	玉子をわる ○	こいのぼりをみつける ○	おてつだいをする① ○
かぜの音を聞く ○	天気よほうを見る ○	おうちの人に「かたたたき」をする ○	雲に名まえをつける ○	日記をかく②(ないようは自由) ○
月(または、星)を見る ○	れんげをみつける ○	ざらざらしたものにさわる ○	とんでいる生き物をみつける ○	とりのこえを聞く ○
おてつだいをする② ○	つめたいものにさわる ○	アリをみつける ○	チェックをする ○	おうちの人のサインをもらう ○

おうちの人より	サイン

〈図 10〉長い休みの宿題。できた項目には色を塗る。

四章解説

人と良好な関係を保とうとするなら、相手が語り出す言葉を丁寧に聴くしかない。聴くことは、他者を承認することだからだ。人は、自分を承認してくれる相手にしか、心を開けない。

そういうことでは、連絡帳でのやりとりがとても重要である。連絡帳は、学校での子どもの様子を伝えるとともに、保護者の思いを受け止める大切なツールでもある。

返事を書くときは、担任のどんな言葉を保護者が待っているのか、よく考えてみよう。朝、出がけに子どもがぐずったというのなら、「お母さんもお仕事があるのに、大変だったのですね」と、保護者の苦労をねぎらいたい。そこに、「学校では、朝からはりきって係の仕事をしてくれましたよ」と加えれば、保護者はとても安心する。

さて、こうして個々の保護者との関係を築く一方で、一つの学級を受け持つ担任としてのリーダーシップも発揮してほしい。

持ち物のチェックなどは、学級全体で取り組みたい。保護者からの協力が得られやすいよう、シートを作成しよう。「家庭でも見てあげてください」とお願いするだけでは、具体的な行動に移しにくい保護者もいる。

お手伝いの宿題では、調理、靴洗い、お風呂の浴槽洗いなど、活動の内容は学級で決める。活動ごとに宿題ファイルを作り、一年間続ける。ぼろぼろになったファイルの表紙は、子どもが頑張ったあかしである。

三年生の修一君が登校してすぐにすることは、スケジュールの確認である。
連絡帳には、前日のうちに時間割と準備物を書き込んでおくのだが、
修一君は、毎朝それを見ながら、
自分で携帯用のスケジュールを整えていく。
授業で学習する内容、給食のメニュー、
そして休み時間の活動までがイメージされていると、安心して一日が過ごせる。
できたスケジュールは、担任に見せに行く。
変更があるときは、理由を聞いて折り合いをつける。
したいことができなくても、
次にいつできるのかをカレンダーに書いてもらうと、
納得できるようになった。

エピソード

［第五章］

七月——自立活動の指導

修一君のような子どもにとって、スケジュールは必携ツールである。
これがないと、学校生活のいたるところで、混乱をきたしてしまうからだ。
自立活動の指導は、子どもの「困り感」〈注〉に気づいてあげることから始まる。

自立活動について

七月。学期末の懇談では、我が子の育ちに不安を抱える保護者の思いを、受け取り直したのではないだろうか。

そういうときは、ぜひ、自立活動の指導を見直してほしい。多くの学校現場では、自立活動の時間に何をどう指導したらいいのかわからず、いまだ迷走状態が続いている。

本章では、自立活動の基本的な考え方と、実践の手順について、詳しくお伝えしたいと思う。

目標の読み解き

特別支援学校の学習指導要領〔小学部・中学部〕にある自立活動の目標には、

「個々の児童又は生徒が自立を目指し、障害による学習上又は生活上の困難を主体的に改善・克服するために必要な知識、技能、態度及び習慣を養い、もって心身の調和的発達の基盤を培う」

とある。

順を追って、要点を述べよう。

①「個々の児童又は生徒が自立を目指し」の部分。

〈注〉困り感は、学研が商標登録をしています。

初めに、自立活動が個に応じた指導であることが明記されている。さらに、「自立を目指し」とあるが、ここでは「自立」が、あくまで目指す先として示されている。この点については、後でまた取り上げる。

②「障害による学習上又は生活上の困難」の部分。

自立活動の指導で扱う子どもの問題は、生理的・医学的な「障害」そのものではなく、「障害」によって引き起こされる「学習上又は生活上の困難」である。自立活動の指導を計画するときは、日ごろの学習や生活の様子から、子どもがどんなことにつまずき、「困り感」を抱いているのかを的確に把握したい。

③「主体的に改善・克服するために必要な知識、技能、態度及び習慣を養い」の部分。

「主体的に」とあるのは、「改善・克服する」主語が、子どもだということである。学習上又は生活上の困難を克服するのは子ども自身であり、そのために必要な知識、技能、態度及び習慣を子どもに養いましょう、というのである。

後ほど詳しく述べることになるが、自立活動の指導では、子どもが「主体的に」取り組む学習課題が設定されなくてはならない。「主体的に」と書かれているのは、明確な学習課題なしに自立活動の実践はありえないということを強調しているのである。

特別支援学校を含む一部の学校では、子どもにマッサージやストレッチをしてあげることが自立活動だとしている。しかし、それは明らかに間違っている。教師からマッサージをしてもらっているとき、子どもが「主体的に」取り組む学習課題は、どこにも見当たらないのだ。

④「もって心身の調和的発達の基盤を培う」の部分。

「もって」、つまり結果として期待されているのは心身の調和的発達ではなく、その「基盤」である。「心身の調和的発達」そのものは、原理的に、各教科、道徳、外国語活動、総合的な学習の時間および特別活動といった領域の学びをとおして身につけることになっている。しかし、障害のある子どもの場合、発達の基盤に弱さがあるため、そうした領域の指導だけでは心身の調和的な発達が望めない。そこで、その「基盤を培う」ことを、自立活動の目標としたのである。

従って、単に「自立に必要な生活スキルを身につけさせる」といった目的で、例えば調理のしかたを自立活動で指導するというのであれば、それは、目標に書かれていることがらをとらえ損なっている。

先ほども触れたように、目標に書かれた「自立」とは、目指す先、向かう先として示されている。実際の指導では、子どものつまずきや「困り感」を軽減するために必要な知識、技能、態度および習慣を養える教育的課題を設定する。それを子ども自身に学習させることによって、心身の調和的発達の基盤を培うことが求められているのである。

的確な実態把握

指導内容の設定に当たっては、「第3　指導計画の作成と内容の取扱い」の1に着目してほしい。

「自立活動の指導に当たっては、個々の児

童又は生徒の障害の状態や発達の段階等の的確な把握に基づき、指導の目標及び指導内容を明確にし、個別の指導計画を作成するものとする。その際、第2に示す内容の中からそれぞれに必要とする項目を選定し、それらを相互に関連付け、具体的に指導内容を設定するものとする」とある。

指導の目標と指導内容は、「個々の児童又は生徒の障害の状態や発達の段階等の的確な把握に基づき」検討する。このとき、重要なのは、実際に「試行的な指導」を繰り返しながら「的確な把握」をすることである。

そもそも子どもの実態把握やアセスメントといったものは、その子どもの「どこまでができていて、その先どこからができていないのか」を明らかにすることである。そういうことでは、各種の発達検査や心理検査も、実態把握をするツールの一つとして利用できる。

しかし、その後の指導に結びつけることを重視するなら、より踏み込んだ実態把握が要求される。さまざまな指導法や手だてを尽くしてみて、どのような援助をしたらどういうことができるのか、それでもできない部分については、さらにどういった援助があったらできる可能性があるのかを、丁寧に見定めてほしい。これこそが、「的確な把握」なのだ。

それゆえ、「的確な把握」は、どれだけの指導法や手だてを教師がもち合わせているかということと深くかかわっている。多くの指導法を身につけていれば、子どもにたくさんの「試行的な指導」をすることができるし、より実践に直結する子どもの実態を描きとることができるのである。

指導内容の設定

次に、こうした実態把握をもとに指導内容を決めることになるのだが、このときよく問題になるのが、「第2に示す内容」の取り扱いである。「第2に示す内容」とは、健康の保持、心理的な安定、人間関係の形成、環境の把握、身体の動き、コミュニケーションであり、それぞれに三〜五項目が掲げられている**（図1）**。これらは、具体的に指導内容を設定する際に参照すべき、内容の例示である。

実際に指導内容を選定する場合、おおかた以下のような手続きを踏むことになるだろう。

①「試行的な指導」を進めながら、障害の状態や発達の段階等の「的確な把握」をするとともに、自立活動の指導として取り上げるのにふさわしい学習課題を見つける。②その学習課題が達成されることで、「第2に示す内容」のどの項目が満たされることになるのかを検討する。一つの学習課題が解決されることで、複数の項目が満たされる可能性もある。もちろん、その方が指導としては効率がよいことになる。③満たされることになる項目を選定したら、それらを相互に関連づけながら、指導したい内容を具体的に表記する。

何より欠かせないのは、自立活動の指導に先立つ、「試行的な指導」である。「試行的な指導」を続けながら子どもの実態を把握し、かつ学習課題を発見するのである。指導内容は、そうした手続きを経て見いだされた学習課題との関係で設定されなくてはならない。

それなしに、例えば、「内容の表を見ると、この子は人間関係の形成に関する力が弱いので、その区分からいくつかの項目を選びました」といった安易な項目選定をし、子どもの実態とかけ離れたソーシャルスキルトレーニングをするようなことは避けてほしい。

1　健康の保持
（1）生活のリズムや生活習慣の形成に関すること。
（2）病気の状態の理解と生活管理に関すること。
（3）身体各部の状態の理解と養護に関すること。
（4）健康状態の維持・改善に関すること。

2　心理的な安定
（1）情緒の安定に関すること。
（2）状況の理解と変化への対応に関すること。
（3）障害による学習上又は生活上の困難を改善克服する意欲に関すること。

3　人間関係の形成
（1）他者とのかかわりの基礎に関すること。
（2）他者の意図や感情の理解に関すること。
（3）自己の理解と行動の調整に関すること。
（4）集団への参加の基礎に関すること。

4　環境の把握
（1）保有する感覚の活用に関すること。
（2）感覚や認知の特性への対応に関すること。
（3）感覚の補助及び代行手段の活用に関すること。
（4）感覚を総合的に活用した周囲の状況の把握に関すること。
（5）認知や行動の手掛かりとなる概念の形成に関すること。

5　身体の動き
（1）姿勢と運動・動作の基本的技能に関すること。
（2）姿勢保持と運動・動作の補助的手段の活用に関すること。
（3）日常生活に必要な基本動作に関すること。
（4）身体の移動能力に関すること。
（5）作業に必要な動作と円滑な遂行に関すること。

6　コミュニケーション
（1）コミュニケーションの基礎的能力に関すること。
（2）言語の受容と表出に関すること。
（3）言語の形成と活用に関すること。
（4）コミュニケーション手段の選択と活用に関すること。
（5）状況に応じたコミュニケーションに関すること。

〈図 1〉学習指導要領第 7 章第 2 内容

次に、それを学習することで満たされる「内容」として、「人間関係の形成」と「コミュニケーション」の区分から、いくつかの項目が選定された。

それらの項目を関連づけながら設定された具体的な指導内容は、「他者とのコミュニケーションを図りつつ、穏やかに一日を過ごすためのスケジュールをみずから整える」だった（図2）。

スケジュールを整える

このあと、指導の具体例をいくつか紹介しよう。

扉のエピソードの修一君。この子どもの「学習上又は生活上の困難」の一つは、生活のシナリオを失ったときの極度の不安だった。自閉症の子どもには、よくあるトラブルだ。

それを改善・克服するために必要な知識、技能、態度および習慣を養うには、スケジュール指導が欠かせなかった。修一君の学習課題は、スケジュールの使い方を覚えるだけでなく、担任とやりとりをしながら変更に対応するとともに、することがわからないときには、自分から尋ねられるようにすることだった。

〈図 2〉スケジュールを整える。

自分のことを語る

発達障害のある子によくある「学習上又は生活上の困難」は、自分の心境をうまく語れないことにある。この子たちは、そのときどきの思いを言葉にできないため、しばしばストレスをためこんでいる。

そこで、〈図3〉のように、週一回、生活を振り返る時間を設けた。とはいえ、語るべきできごとがないと振り返りようがないので、学習課題としては、「いろいろな経験を積みつつ、それらを振り返り、自分のしたいことを言えるようにする」ことにした。

このような学習課題が解決されることで満たされるであろう「内容」として、「心理的安定」と「人間関係の形成」の区分にある項目が、いくつかピックアップされた。

それらを相互に関連づけて設定したのが、「振り返りをとおして、みずからの経験を語ることによって、肯定される自己をつくる」という指導内容だった。

大久保 優
★今の自分の生活は？
0 1 2 3 4 5 6 7 8 9 10
6
★その理由は？
ふつうよりは上だから
★どうすれば10になる？
人にやさしくしすぎずに
つかれないようにして
ちゃんとことわる
ことわる
できる人 千晴 洋介
できない人 彩香
★今の自分にできそうなことは？
いやなことがあっても
気にしない
★とくいなことは？
図工 家庭科 ピアノ
漢字 作文
★にがてなことは？
体育 ローマ字
音楽 理科
★やってみたいことは？
絵をかく（イラスト）
手芸
めあて
●ローマ字のにがてなところを
プリント1まいする
●イラスト集づくり
20まいつくる
①わる口を言われたら先生にいう。
②言われたらやめてっていう。
③わる口を気にしない。
月 火 水 木 金 土
全部できた
できた番号をかく
言われなかった
スキルアップ記録表 大久保 優
日にち
めあて(やること・時間)
分
はんせい
5日 生活のふりかえり 3
ローマ字プリント 3
ローマ字かるた作り A と I 25
12日 生活のふりかえり 30
19日 生活のふりかえり 6
ローマ字かるた U 16
大塚先生にお手紙 15

〈図 3〉自分のことを語る。

五章解説

自立活動の目標のとらえ方と、指導内容の設定手順について、箇条書き的にまとめよう。

○目標のとらえ方

❶　自立活動で扱うのは、生理的・医学的な障害そのものではなく、「障害による学習上又は生活上の困難」である。

❷　「障害による学習上又は生活上の困難」を改善・克服するのは子ども自身である。

❸　子どもに培うのは、「心身の調和的発達の基盤」である。

○指導内容の設定手順

❶　日常場面での実態把握

日常的な学習・生活場面で、どのような学習上、生活上の困難が生じているのかを把握する。その際、「試行的な指導」をすることによって、実践につながる実態把握に努める。

❷　学習課題の設定

さらに「試行的な指導」を繰り返し、実態をより細かに把握するとともに、その子に適した学習課題を発見する。手持ちの指導法が乏しいと、実践はもとより、的確な実態把握も、課題設定もできない。

❸　例示された内容との照合・対応

設定された学習課題を子どもが学習・解決することによって、内容として例示されたどの区分のどの項目が満たされることになるのかを検討する。期待される効果と内容の区分・項目とを照合・対応させる、といってもいい。内容の表だけを見て、そこから指導内容を選定するという方法は、誤りである。

［第六章］

八月――研修――「困り感」の理解と指導のコツ

第六章は、夏休み。

しばしブレイクして、発達障害のある子どもを受け持ったときに知っておいてほしい、教育的指導のポイントをお伝えしたい。

前章、自立活動の章でも述べたように、私たちは、たくさんの指導法をもち合わせていないと、日々の指導はおろか、子どもの実態把握さえも十分にできない。

発達障害の特性を勉強しただけでは、目の前の子がどんな子どもなのか、わからないのだ。

第六章では、ある新任の先生との対話という形をとって、発達障害のある子どもを指導するときのちょっとしたコツを、この子たちの抱える「困り感」とからめながらお知らせしようと思う。

教師が、約束を守るモデルを示す

田中　約束が守れない子のことなのですが。

佐藤　登校したら時間内に朝の準備をせよ、授業中は静かに勉強をせよ、休み時間はこれとこれをするなと言われ、約束三昧で結局どれも守れない。しまいに、「約束を守ることが約束です」なんて迫られる。

田中　どうしたらいいのでしょう。

佐藤　基本はこうです。子どもに約束を守らせたいのなら、まずは教師が子どもの約束を守ってあげることです。

田中　こっちが先に約束を守ってみせる。

佐藤　例えば、子どもが望んでいることをきいて、それをかなえてあげるのです。「先生の手伝いをしてくれたら、パソコン10分券をサービスします」と。

田中　たしかに、それも約束ですね。

佐藤　そうして、約束したことは必ず守るというお手本を、先生自らが示すのです。約束が果たせない子どもは、そもそも守らなくてはいけないものが約束なのだということが、実はよくわかっていません。

田中　約束の意味がわかってない。

佐藤　そうです。だから、実際に守ってみせる。モデルを示すのです。

田中　となると、私たちは、できない約束を引き受けてはいけないし、子どもにも、守れそうにない約束をさせたらいけませんね。

佐藤　その通りです。できる約束はとことん守ってあげて、そしてときどき「これは頼むね」って、その子にできそうな約束を求める。そうして、約束を守る練習をさせるのです。

「お知らせ」としてのスケジュール

田中 視覚支援という言葉をよく聞きます。

佐藤 言ってもわからないときは、書くのがいいのだと。けれども、そう簡単に子どもは動きませんよね。

田中 やっぱりそうですか。

佐藤 視覚支援が有効かどうかは、それを子どもが見るかどうかにかかっています。

田中 子どもが見てくれないと、文字通りの「視覚」支援になりませんしね。

佐藤 見るようになるには、「見たらいいことがあった経験」が必要です。

田中 いいこと、ですか。

佐藤 例えば、スケジュール。一日の流れを書いたところで、子どもには、そんなことなど、どうでもいいかもしれないのです。これって、大人の都合ですから。それに、見ても、そこに書かれた活動がイメージできなければ、スケジュールを示す意味がありません。

田中 では、何を書いたらいいのですか。

佐藤 始めのうち、スケジュールのカードには、子どもが見て楽しみにできる活動だけを書くようにしてください。いきなり時間割を書くのではなくて、「今日の休み時間のお知らせ」とか、給食が好きな子どもには「給食のお知らせ」とか。そうしないと、子どもは、カード自体を見ません。スケジュールは、「予定表」というよりは、子どもに楽しいことを予告する「お知らせ」でなくてはいけないと思うのです。スケジュールは、こちらの都合を伝えるものではなくて、子どもに必要な情報を提供するものなのです。

コミュニケーションことはじめ

佐藤　最近、「コミュニケーション」という言葉が、あちこちで強調されています。社会的な要請なのでしょうが、あまりに言われ続けると、「そんなにコミュニケーションが大事ですか」って、開き直りたくなります。それを最も苦手としている、自閉症の子どもの立場はどうなってしまうのかって。

田中　存在を否定することにもなりますね。

佐藤　自閉症の子には、コミュニケーションができないといけないというのではなくて、できたらそこそこ便利だし、楽しいこともあるよ、という感覚で教えてあげたいのです。

田中　どのようにしたらいいのですか。

佐藤　まずは、コミュニケーションを図ったらいいことがあったという経験をさせてあげましょう。手始めは、要求を人に伝えたら、相手が誠実に応えてくれたという経験でしょうか。

田中　やりとりというより、自分が望んでいることを相手に伝えるのですね。

佐藤　はい。受けもっている子どもの顔を浮かべてみてください。自分の思いがどれだけ言え、そしてかなえられていますか。学校というところは、子どもからの訴えよりも私たちから子どもたちへの伝達が優先しがちです。

田中　要求ということでは、困ったときに援助を求めるのも大切ですよね。

佐藤　そうです。忘れ物をしたときや、することがわからないときに言いに来られるよう、練習させましょう。できたときは、「言いに来て、偉かったね」と、しっかりほめてあげます。

次にすることのイメージをつくる

田中　想像力の障害というのが、もう一つよくわからないのですが。

佐藤　想像力とは、目の前にないことを思い浮かべる力です。いまいるこの部屋の中は見えているけれど、隣の部屋で何が起こっているかは、想像するしかないですよね。

田中　たしかにそうですね。

佐藤　時間的にも、同じです。いましていることは見えるけれど、このあと起こるだろうことは見えないから、想像力に頼るしかない。そしてもう一つ、他者が何を思っているのか。これも、想像するしかありません。

田中　私たちは、生活のあらゆるところで想像力を働かせているのですね。

佐藤　はい。ですから、それが失われていると、あらゆる場面で「困り感」が生じます。

田中　自閉症の人が「〈いま〉しか、見えない」と言われるのは、そういうことなのですね。

佐藤　そうです。例えば、待てない子どもというのは、待てば望んでいることがかなえられるという、先のイメージが抱けずにいるのです。ですから、いつまで待てば望みが実現するのかということを、紙に書いたりチケットを渡したりして伝えます。我慢させるときも、同じです。

田中　なるほど。行動が切り替えられないのも、次にすることのイメージができないからなのですね。

佐藤　いましていることをやめて、次の活動に移るためには、これからする活動を想像しなくてはいけませんから。

シナリオをつくる

佐藤　私たちはみな、行動のシナリオをもって生活しています。

田中　シナリオですか。

佐藤　はい。発達障害のある子どもは、しばしば、手持ちのシナリオが限られているために、困っています。じゃんけんで負けてパニックになる子は、負けたときのシナリオをもっていないのです。シナリオがないから、その場でどう振る舞ったらいいのかわからない。一番でなければだめだという子も、同じです。一番でなかったときのシナリオがないのです。

田中　ということは、そういうシナリオをつくってあげたらいいのですね。負けたときには、ちょっとしたパフォーマンスをして、みんなを笑わせるとか。

佐藤　いいセンスですね。

田中　シナリオがなくて困っているということになると、この子たちは日々、いたるところで困惑しているのかもしれませんね。運動会や発表会ということになると、なおさら。

佐藤　運動会も発表会も、とてもよく計画されています。しかし、それはあくまで私たちのシナリオでして、大切なのは、その子のシナリオが描けているかどうかなのです。

田中　シナリオがないのに出番だと言われても困りますし。

佐藤　出番でないときも、困っています。シナリオの空白といったらいいかな。周りは楽しそうにおしゃべりしているけれど、自分はすることが何もない。

田中　それって、ひどいストレスかも。

説明より練習

佐藤　自閉症の子どもの、最も根本的な障害が何かと問われたら、「人の営みの意味がわからないことです」と答えます。よく挙げる例なのですが、図書の時間、カウンターの前で、本を抱えた子どもが数人立っている場面を思い浮かべてください。たいていの人は、それを見て、本を借りる順番を待っているのだと思いますよね。

田中　でも、自閉症の子どもの目には、そう映っていない。

佐藤　はい。だから、列に割り込んでしまうのです。こういうときに、「みんなは、順番を待っているのですよ」と、いくら説明しても子どもには響きません。

田中　よくあることですね。

佐藤　それで、どうするかというと。カウンターの前の床に、線を五本くらい引いておきます。本を借りるときは、線の位置に立つというルールを決め、前の人が進んだら次の線に進むことにします。そんな練習から始めます。そうしているうちに、ほかの子どももこのようにしているのだと気づきます。そして、それこそが「順番を待つ」ことなのだと教えるのです。

田中　実際にやってみて、「順番」という言葉の意味を覚えるのですね。

佐藤　そうです。だから、「説明より練習」なのだと、私はよく言います。その子にできる練習をしくむのです。わけがわからず途方に暮れている子どもに、説明し続けてもしかたないですから。

自分の言葉で語らせる

佐藤　先ほどの「説明より練習」という話にも通じるのですが、私たち教師には、言葉に対する過信があるような気がします。

田中　言って聞かせればわかるはずだと。

佐藤　活動前の長々とした説明。あれって、大半の子どもが理解できていませんよ。

田中　伝わっているかどうか心配だと、つい話が長くなるのですよ。

佐藤　長い短いにかかわらず、私は、言葉というのが、そもそも伝わらないという前提に立ったほうがいいと思っています。これだけ言ってもなぜわからないのかと悩むより、言葉が伝わるほうが、むしろ奇跡なのだと。

田中　奇跡なのですね。

佐藤　子どもは、自分の話している言葉しか理解できていません。反対に言えば、わかっていることしか話せていない。これは、大学の授業でも同じです。教師が一方的にしゃべっている内容は、学生さんにはほとんど伝わっていません。学生さんに理解をもたらすことができるとしたら、それは、私の話した内容を、学生さん自身の言葉で語ってもらったときだけです。

田中　「わかったことを言ってごらん」と子どもに求めても、言えないことが多いですし。そんなとき、「あらあら、わかっていなかったのか」とがっかりします。

佐藤　そんなものなのです。理解できる子どもを育てようとするなら、私たちのおしゃべりを減らして、子どもが自分の言葉で語る機会を、たくさんつくってあげましょう。

［第七章］九月――子どもをつなぐ授業

エピソード

三、四時間目は、家庭科。

この日はクラス四人で、角切り野菜のマセドアンサラダを作ることになっていた。

妙子さんは、同じ五年生の萌絵さんが教室に来ていないのを気にしていた。

二人は、朝、ちょっとしたことでけんかになり、気まずい雰囲気になっていたのだ。

「呼んでくる」と言って、別室で雑誌を広げている萌絵さんを迎えにいった妙子さんだったが、扉を開けてもらえなかった。

しかたなく、三人で始めることにした。

短い説明を聞いて、野菜をきざむ。

協力しながら作ること一時間余り、各自が好みの味つけをしてできあがった。

どの子も、自分のできばえに満足していた。

妙子さんは、手伝ってくれた先生たちに取り分けた後、もう一つ容器を出してきた。

萌絵さんに持っていくのだという。

受け取ってくれるといいのだが。

特別支援学級だからこそ、子ども同士のかかわりを大切にした授業をしたい。とはいえそれは、通常の学級で授業をする場合でさえ、容易でない。第七章では、子どもをつなぐ授業づくりについて考えよう。

子どもをつなぐ

九月のテーマは、子どもをつなぐ授業づくりである。最近、「個別化」が強調されるあまり、集団づくりが手薄になっていないだろうか。特別支援学級であるからこそ、子ども同士のつながりは大切にしたい。

ところで、夏休みが明けてしばらくすると、発表会などの催しに向けた取り組みを始める学級があると思う。子ども同士が協力しあう風土は、日ごろから意識的に育てておかないと、催し物をするからといってすぐにつくれるものではない。

第七章では、普段の学習や生活のなかですぐに取り入れられそうな、子どもをつなぐ実践ネタを紹介しよう。

朝の体育

男子三人が体育館に集まった（図1、2、3）。この地域の特別支援学級では、毎日一時間目に体育の授業を入れている。体力づくりと仲間づくりをするとともに、気分を整えて一日をスタートさせるためだ。

リーダーがメニューを組み立てる。ろく木にスパイダーマン®、仲間がするのをじっと見つめる。「見るのも勉強」と、担任は繰り返し指導してきた。後半はサーキット。けんけん跳びをしていた真君が、「赤を落とし穴にして、とばしたらいい」と提案した。それを聞いた雅也君は、この日お休みしていた愛さんを思い出し、「愛さんがいるときにしたらいい。今度みんなでやろう」と言っていた。

〈図 1〉体育のメニューをリーダーの子どもが組み立て、ボードに貼っていく。

〈図 2〉ろく木に登る「スパイダーマン」。仲間がしているのを見るのも勉強だ。

〈図 3〉サーキットメニュー。平均台に積み木をのせるのは、子どもたちの発案。身のこなしがとてもいい。

国語の時間に

〈図４〉は、絵を見て、話したり書いたりする課題。ちょっと笑える絵なので、子どもは夢中になる。友だちといっしょにおしゃべりしてからノートに書くのもいいいし、ノートに書いてから発表してもいい。

〈図５〉は、早口リレーである。特殊音節を含むフレーズをカードに書く。一〇枚のカードを一人の子どもが素早く読み、次の子どもにリレーする。バトンを作って手渡すようにすると盛り上がる。

皆が一通り読めるようになったら、ゴールするまでのタイムを計る。目標を設定したり、カードに書くフレーズを子どもと相談しながら変えたりすると、長く楽しめる。

〈図４〉楽しい絵を見て、話したり書いたりする。

〈図 5〉早口リレー。特殊音節を含むカードを素早く読んで、次の人にリレーする。

チャリティーしあわせカフェ

〈図6〉は、「チャリティーしあわせカフェ」。ランチョンマット作りや案内状作りなど、手分けをして準備を進めた。

カフェの開店。することのない子どもが出たり、役割が偏ったりしないよう配慮する。計算のできる子どもだけがレジ係になるのを避けるため、場所を変えて三台のレジスターを用意した。来店してくれる先生たちには、それぞれの子どもの力に合わせてお金を出してもらうよう、前もって頼んでおいた。

売り上げは、寄付金に。どこに寄付するか子どもと相談したところ、東日本大震災とユニセフ募金とに意見が分かれた。結局、両方に募金することにした。

〈図6〉しあわせカフェ。レジスターを三台準備した。お客の先生たちが、子どもの力に合わせてお金を出してくれる。

段取りよく調理する

扉のエピソードで紹介した家庭科の授業について、補足しよう。

担任が段取りを説明するのを聞き、子どもたちは調理のイメージをつくる（図7）。「均等に火が通るようにするには」と尋ねると「大きさをそろえて切る」と答える。

調理室に移動し、エプロンをつける。了君が、健太君を手伝ってくれた。手洗いをすませると、ジャガイモ、ニンジン、そしてキュウリを切る。切り方を示したカードと目盛りつきのまな板が役だった（図8）。

了君がアク取りをしていると、健太君がのぞきに来た。きれいに切りそろえたジャガイモとニンジンを鍋に移し、二人でレンジの前

〈図 7〉段取りを板書する。カードの左上に書かれたマス目は、調理の「難易度」だ。さいの目切りの難易度は2。子どもたちが判定した。

に並んだ。レンジが空くまでの間、妙子さんは、まな板を洗う。片づけをしながら調理する習慣が、しっかり身についていた。

了君は、手順書の内容を妙子さんに説明していた（図9）。そのあと、いったん自分の作業を中断し、妙子さんのアクとりを手伝ってくれた。

三人ともゆで上がったところで味つけだ。調味料は少しずつ入れ、味が強くならないようにする（図10）。調理をするたびに、教えてきたことだ。

妙子さんは、サラダを盛る器を、仲間の分まで用意していた（図11）。おのおのが、自分の作ったサラダを丁寧に盛りつけた。

了君が、妙子さんにスプーンを差し出す（図12）。味がしっかりついていて、妙子さんは「こっちのほうがおいしいかも」とつぶや

〈図 8〉ジャガイモを切る。見本のカードと目盛りのついたまな板を用意した。

〈図 9〉手順書の内容を説明する。手順書が子どもをつなぐ。

〈図 10〉三人そろって味つけをする。調味料を少しずつ入れて、味を整える。

〈図 11〉妙子さんが、仲間の分まで器を取り出してくれた。

〈図 12〉了君は、自分の作ったサラダをスプーンに載せ、妙子さんに差し出した。

いた。しかし、もう一度自分のものを食べ、「やっぱり自分で作ったほうがいい」と、できばえに満足していた。

このあと妙子さんは、残しておいた器に萌絵さんの分を取り分けた（図13）。

子ども同士のつながりを生み出す授業のポイントは、「適切な手だてをして、子どもから離れること」と、「同じ形式を繰り返すこと」である。

活動のなかに教師が割って入ると、子どもはつながらない。授業で使われていたようなツールを用意し、できるだけ子どもから離れるようにしよう。

一方、「形式」を定着させて、作業を子どもに任せることも、つなぐ授業のポイントだ。やり方がわかって自信がつくと、子ども同士は、おのずとつながる。

〈図 13〉妙子さんは、授業に参加できなかった萌絵さんの分を取り分けていた。

実践のためのヒントボード

仲間とつながれない「困り感」

特別支援学級に中途から入級してくる子のなかには、通常の学級でとことん不適応に陥っていた子どもがいる。大声を出しては授業を止め、それをとがめられて教室を飛び出す。かかわる教員すべてと関係が悪くなり、仲間からも浮いていたのだ。

そんな子どもを預かったとき、まずわかってあげたいのが、その子の抱く「困り感」だ。

わたしたちは、自分の意見が周りの人と対等に扱われてこそ、集団のなかに身を置くことができる。ところが、この子たちはしばしば、自分の発言を受け止めてもらえずにいた。それで、授業をさえぎるような発言をしてきたのだ。しかも、そんな発言をするからなおさら取り合ってもらえないし、取り合ってもらえないから余計、言葉を荒らしてしまう。本当はクラスの仲間とつながりたいのに、それが叶わない「困り感」である。

では、どうしてあげたらいいのだろう。考えられる手だては、二つある。

一つは、特別支援学級に、全員の意見が対等に扱われる学習集団をつくることである。そういう集団のなかで、その子の意見をしっかりと受け止めてあげたい。

もう一つは、人数等の関係で学習集団が整えられない場合である。そんなときは、通常の学級につながれるよう、改めて手を尽くすしかない。運動会や発表会などの行事を利用するのもいい。準備や練習の段階から、その子が穏やかに発言し、豊かに表現する機会をしくんであげよう。仲間が自分の方を向いてくれたと感じたとき、関係を修復する道がひらける。

七章解説

人の「居場所」は、人と人とがつながったところにできる。私たちが、職場に「居場所」をもてるのは、職場から必要とされ、同僚とのつながりが保たれているからである。

子どもたちの場合も同じである。クラスのなかで自分が必要とされていて、仲間とつながっているからこそ、教室に「居場所」があるのだ。子どもをつなぐ授業を大切にするのは、子ども同士をつなぐことによって、一人ひとりの子どもに「居場所」をつくってあげたいからである。

近ごろはよく、教室の片隅に、衝立で囲ったスペースを見かける。「子どもの居場所をつくってあげた」そうなのだが、何か違う気がする。それは、一時的にエスケープするための「避難場所」にすぎない。「避難場所」を求める子どもはたしかにいる。だが**「避難場所」は、けっして「居場所」にならない**。古くから特別支援学級では、子ども同士のかかわりを大事にした授業づくりや学級づくりをしてきた。仲間の得意なことや弱点を知りつつ、互いに支え合う人間関係が、教室にはあった。現在でもそういった風土を培おうと、学級経営に力を注ぐ担任は少なくない。こうした、いわば「あたたかな人環境」が、子どもに「居場所」を提供する。

さて、この「居場所」。この子たちには、次章で話題にする交流の学級にもつくってあげたいのだ。交流の場が、そこに出かける子どものつながる先になっているだろうか。

難聴学級で学ぶ岩坪君は、六年生である。

交流先の授業に、FM補聴器をつけて参加することになった。

子どもたちがマイクで話した声が、そのまま岩坪君の補聴器に入るのだ。

一週間後、難聴学級を担任する南先生は、交流クラスの子どもたちに、一言ずつ感想を書いてもらった。

エピソード

・自分の声が直接入るのでドキドキしながら話しました。(大槻)
・岩坪くんがいつもより楽しそうで、つけていてよかったなあと思いました。(角田)
・発表するとき、自分の声が直接聞こえるので、ちょっときんちょうしました。(杉山)
・グループで話し合いのとき、マイクを持たされてはずかしかったけど、話が伝わってよかったです。(西大寺)
・マイクを持って話すことで、岩坪くんも勉強がよくわかってきたみたいだし、自分たちの言いたいことが岩坪くんに伝わってよかったです。(勝又)

岩坪君に向けて、じかにことばを届けるのは、この日がはじめてである。クラスの子どもたちもまた、岩坪君とつながることを望んでいた。

[第八章]

十月——子どもをつなぐ交流

交流に出かける子どもが求めているのは、クラスの子どもたちからのメッセージなのかもしれない。クラスの子どもたちだって、メッセージを届けるのに、どきどきなのだ。そこを、後押ししてあげたい。

交流を成功させるために

一年を折り返す十月。子どもも教師も、だいぶクラスになじんできたことだろう。そんな時期にぜひ振り返ってほしいのが、通常の学級との交流である。

交流を成功させるためには、すでに一学期の時点で着手しておくべき「基盤づくり的な取り組み」と、そうした基盤の上に積み上げていきたい「発展的な取り組み」がある。

第八章では、これら二つの取り組みにかかわる実践例を紹介しようと思う。まずは、年度当初から始める「基盤づくり的な取り組み」について、代表的な実践例を挙げてみよう。

二つの教室

新入生や、重度の子どもがいるクラスでは、生活のベースとなる特別支援学級と交流学級の区別から教えておかなくてはならない。

〈図1〉では、特別支援学級の札の下に、クラスの呼称である「ひまわり」のマークをつけた。マークの好きな新入児だったそうで、これですぐに、自分の部屋がどこかインプットされたという。

〈図2〉である。交流する教室の入り口に、カードポケットを設置した。ポケットに貼ってあるのは、このクラスの先生の顔写真である。交流に出かけるときには、これと同じ顔写真のカードを持っていく。カードは先ほどのカードポケットに入れる。

〈図 1〉特別支援学級のマーク。マークが好きな子どものために、ひまわりのマークをつり下げた。

〈図 2〉交流学級のカードポケット。持ってきた顔写真カードは、ここに入れる。

周囲の理解を得る

「基盤づくり的な取り組み」を、もう一つ。できるだけ早い時期に、特別支援学級で学ぶ子どもたちの存在をアピールしよう。

新任の教職員には、一番に特別支援学級の子どもたちと会ってもらう〈図3〉。研究授業も、特別支援学級がまっ先に引き受けよう。職員室のタオル交換や洗濯を請け負う姿を、教職員に見てもらうのもいい〈図4〉。

交流先の子どもたちとの接点も、早めにもとう。〈図5〉は、一年生との交流である。いっしょに、こいのぼり作りをした。

こういった取り組みを、受け持ってすぐに実行することは困難だとしても、次の年には、できそうなことから試してみてほしい。

〈図 3〉新任の先生には、着任早々、特別支援学級の児童に会ってもらう。

〈図 4〉 職員室のタオルを新しいものと交換する。タオルの洗濯も請け負う。

〈図 5〉 1年生との交流で、こいのぼりを作った。一人ひとりがクレヨンで好みの絵を描いた。本格的な交流は急がなくてもいいが、接点だけは早めにもっておきたい。

〈図 6〉校外学習で、お店調べをした。写真を映しながら発表する。

つなぐ支援

「基盤づくり的な取り組み」を進めつつ、「発展的な取り組み」にも着手しよう。

交流学級の授業に参加するためには、ちょっとした準備が必要だ（**図6**）。社会科の学習でスーパーマーケットに出かけ、調べた内容を交流先のクラスで発表することになった。撮ってきた写真をモニターに映し出し、話す練習をしてから授業に臨んだ。

運動会の練習にも、工夫がほしい。ビデオを流してダンスの練習をさせると、左右が反転してしまう子どもがいた。そこで、鏡に映したテレビ画面を撮影し、それを見ながら練習させたら正しくできた（**図7**）。仲間とつなぐためには、事前の支援がとても大切だ。

〈図 7〉運動会のダンス練習。左右が反転する子どものために、鏡に映した映像をもう一度撮影した。手足を協調して踊るのが難しいときは、手の動きから練習する。毎年きちんと練習していると、六年生になるころには、特別支援学級で特訓をしなくても、学年練習に一人で参加し、振りを覚えて帰ってくるようになる。

学びの共有

交流先の子どもたちに知ってほしいのは、特別支援学級の子どもが、教材や学び方の違いはあるにせよ、自分たちと同じことを学んでいるということである。〈図8〉は、教材を子どもの力に合わせて書き換えた「リライト教材」だ。これを見た交流先の子どもは、特別支援学級でも同じ教材で勉強していることを知った。

〈図9〉にまつわる、すてきなエピソードがある。交流先の学級では、国語で「海の命」を読んでいた。クエの話になり、子どもたちは、特別支援学級に大きなクエがつり下がっていたのを思い出し、借りに走った。特別支援学級でも、「海の命」を学んでいたのだ。

けんたは、いどの中をのぞきこみました。いどの中はまっくらで、なにも見えません。おとしたかぎをひろうことなど、とてもできそうにありません。そのとき、いどの下のほうで、ぼうっとした光が見えました。そして、その光が、だんだん明るくなりました。けんたがふしぎに思い、なおも目をこらしていると、光がこっちのほうにちかづいてくるのがわかりました。光はついに、けんたの手がとどきそうなところまでちかづいてきました。

　ところが、けんたが手をのばすと、その光はすうっときえてしまいました。

けんたが、いどを
　　のぞきました。
いどの　下のほうに、
　　光が　見えました。
光が、だんだん
　　けんたに　ちかづきました。
けんたが　手を　のばすと、
　　光は　きえてしまいました。

〈図8〉原文をわかりやすく要約した、音読用のリライト教材。

〈図 9〉「海の命」（6年生）に登場するクエ。実物大のクエは、イメージがわきやすいようにと、担任が作った。

八章解説

交流を進めるに当たって、三つのことがらに留意してほしい。

一つめは、特別支援学級の授業の質を落とさないことである。理由は、ただ一つ。通常の学級と特別支援学級とが、対等な関係で交流をするためである。私たちが目指すのは、同じ学校で子どもを預かる以上、どこの教室でも、高いレベルの学びを保障することである。いや、特別支援学級こそ、最も質の高い授業を提供する場でありたいのだ。

ところで、そんな特別支援学級で子どもを学ばせられるならば、あわてて交流を始める必要はない。交流は、先を急がないでほしい。それが二つめの留意点だ。まずは、特別支援学級を生活の基地にしよう。帰ってくる場所があってこそ、「行ってらっしゃい」と子どもを送り出し、「お帰りなさい」と迎えてあげられるのだ。

そして三つめ。交流に入れる時期や、交流を実施する教科などについて、保護者とよく話をしよう。保護者が望まない形で交流を進めたり、逆に進めなかったりすると、いい結果にならない。とはいえ、すべてを保護者の要望通りに実現すればいいわけではない。あくまで、子どもの様子をよく見て判断してほしい。例えば、交流に出す教科。一般的には、体育や音楽を選ぶことが多いが、子どもによっては、それより、黒板を使って授業をする国語や算数のほうが参加しやすい場合もあるのだ。

エピソード

音楽発表会まで一週間。
五年生の史也君は、ドラムに挑戦していた。
その史也君、初めてのことが苦手である。
一方で、ひとたび自分なりのやり方を身につけると、
周りの人の言うことが、まったく耳に入らなくなるのだった。
さて、この日は、ボランティアの学生さんが、史也君にドラムを教えに来ていた。
何度か指南を受けているということだったが、
いささか緊張ぎみに学生さんのアドバイスを聞いていた。
表情は真剣そのもの。
この子にこれほど学ぶ姿勢があったのかと、感心させられた。
いつもの史也君とは別人のようだった。

［第九章］

十一月――行事の指導

行事をじょうずに取り込みながら学級づくりを進めよう。
それは、通常の学級を受けもつときと同じである。
初めての行事も、恒例の行事も、子どもがステップアップするいい機会である。

行事に向けて

十一月。発表会に向けた練習が、ピークを迎えているクラスも多いと思う。

行事といえば、こまごまとした行事もあれば、大きな行事もある。また、とりあえずこなせばよいような行事から、学級づくりの目玉として本格的に取り組みたい行事まで、扱いはさまざまである。取捨選択して、子どもに提供しよう。

この後、特別支援学級の担任として、行事の指導にどう取り組んだらいいか、ヒントをいくつか提案したい。指導の根本は、通常の学級で子どもをリードする場合と同じである。違いがあるとすれば、一つひとつの指導に、丁寧な手だてが必要なだけである。

イメージをもたせる

初めてすることに不安を感じている子どもには、イメージをもたせてあげよう。

〈図1〉は、眼科検診のイメージを写真で示した。保健室で、簡単なリハーサルをしてもいい。避難訓練では、最終的に校庭に集まることを確認し、それまでの動きを一つずつ教えた。

〈図2〉は、修学旅行のイメージをもたせ

〈図 1〉眼科検診と避難訓練のイメージを写真で示した。

〈図 2〉修学旅行の行程がイメージできるよう、パワーポイント®でスライドを作成した。

るために、パワーポイントで作成したスライドである。

〈図3〉は、保護者が作成した山の学習のシナリオである。必要な情報を担任が書き足し、完成させる。これがあると、保護者とのやりとりがスムーズにいく。出発前までに、子どもに納得のいくシナリオをつくってあげた。

学級で取り組む音楽会

学級によっては、音楽会が一年で最も大きな行事になる。全校の音楽会が企画されているのなら、特別支援学級として1ステージ発表しよう。毎年、だれかが必ず成長する。

〈図4〉は、オペレッタの練習手順である。紙芝居の読み聞かせから始め、セリフをほぼ

山の学習

10月16日・17日

⑦の列に並ぶ（運動場）

細かいところまで書いていただき、ありがとうございました。現時点でわかることを書きこんでみました。明日、子ども用のしおりを渡します。それを見て補正することがでてくるかもしれません。

8:10	グラウンドに集まる。（体操着）	朝礼の並び方。先生の話を聞く。	
8:50	バスに乗る。出発。	（1）号車（席は2列A）	バスには一番最初に乗せて下さい。
10:00	到着。	くつ→くつ箱。体育館シューズをはく。	下足箱は「7」です
10:10	体育館に入る。	にもつは右がわの足もとにおく。	
10:20	入所式。	~~しおり~~を出す。（「山の学習テキスト」です）自然の家の先生の話を聞く。ほかの学校のしょうかい。	⑦の列 列から少し離れてなら参加できると思います。
11:00	部屋（502）に入る。山田先生の部屋（513）	ロッカーににもつをおく。自分のふとんの場所を覚える。↑男子はベットの部屋です	一番に部屋に入らないと、入れなくなることがあります。

〈図3〉山の学習のシナリオ。必要な情報を担任が書き足す。

覚えたころから、立ち稽古に入る。練習中は、①仲間がするのを見る、②歌は出番でなくても全部歌う、という約束をした。

仲間に出番を教えてもらったり、小道具を手渡してもらったりしている子どもも、最終的には自分の力で舞台に出て行けるようになる。本番の二週間前からは、練習を毎回ビデオにとり、自分たちの演技を確認させた。

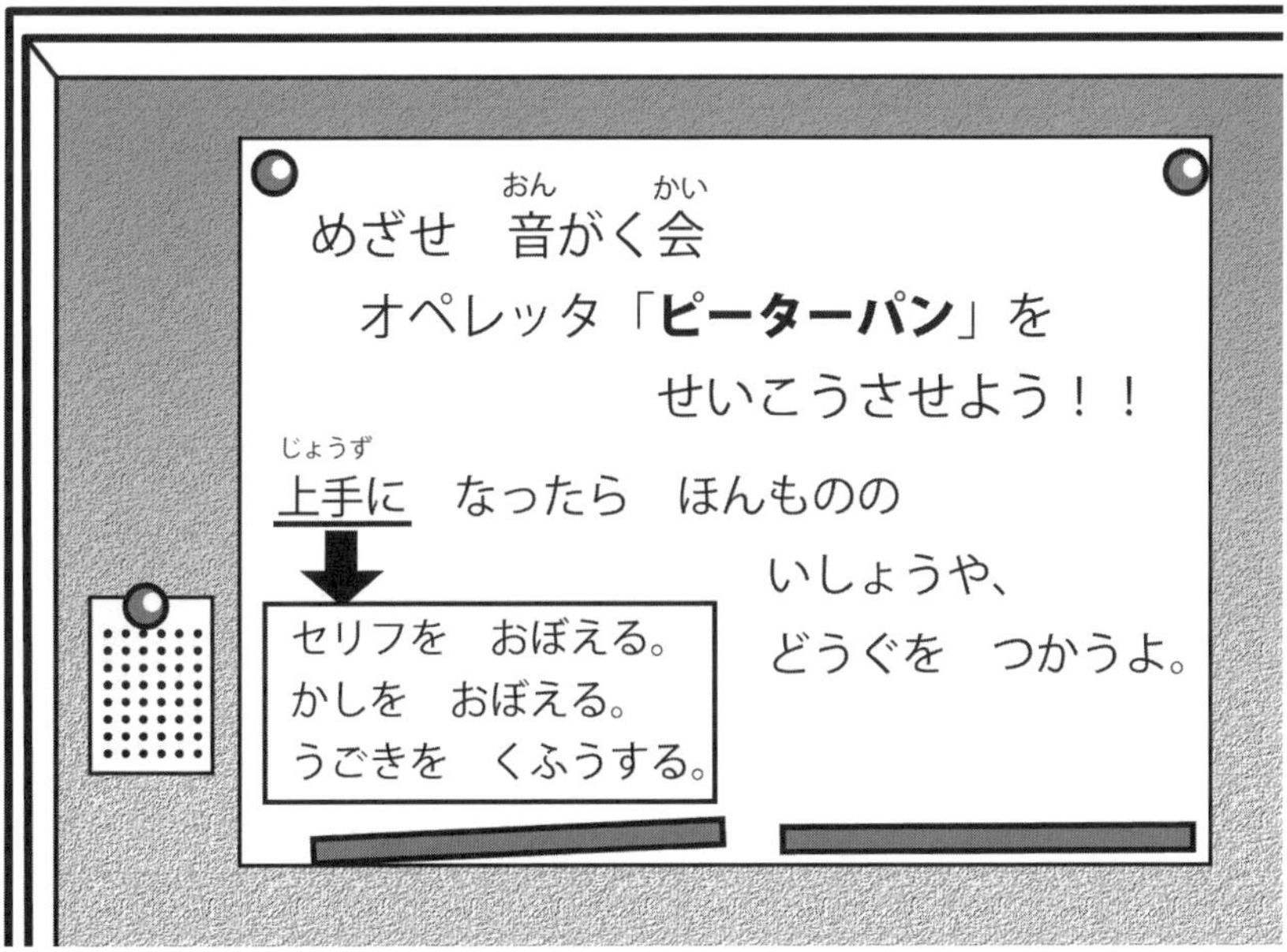
めざせ　音《おん》がく会《かい》
オペレッタ「ピーターパン」を
せいこうさせよう！！
上手《じょうず》に　なったら　ほんものの
いしょうや、
どうぐを　つかうよ。
セリフを　おぼえる。
かしを　おぼえる。
うごきを　くふうする。

〈図 4〉オペレッタの練習計画。じょうずにできている子どもをほめているうちに、ほかの子どもも少しずつできるようになる。

自分たちで練習させる

通常の学級では、自分たちで行事を企画し、運営する力を、低学年のころから育てている。特別支援学級の場合も、それは同じである。

〈図5〉は、音楽会の準備風景。声をかけ合ってオルガンを運び込む。リコーダーは、ある程度吹けるようになったら、子どもだけで練習させる。楽譜は、色と大きさの違うマークを使い、リライトした〈図6〉。鍵盤には、楽譜に対応したマークを貼った。

〈図7〉は、冒頭のエピソードに登場した史也君だ。尊敬する人の前では素直になれる。普段は見られない子どもの姿が発見できるのも、行事のよさである。学生さんにほめてもらうのがうれしくてしかたない史也君だった。

〈図5〉音楽発表会の準備のため、自分たちでオルガンを運び込む。リコーダーの練習も子どもだけでする。

行事の後の活動

一つの行事は三度すると、よく言われる。一度目は練習、二度目は本番、そして三度目は事後的な活動である。特別支援学級では、三度目、行事の後の活動も大切にしたい。

先ほど紹介したオペレッタ。音楽会が終わってからも、他校を訪問して発表する機会をもらった。子どもたちは、別役の衣装を着たり、他の子どもの役に挑戦したりした。

そんなある日、役を取り替えて通してみた。子どもたちは仲間のセリフも全部覚えていて、みごとに演じ切ったそうだ。

子どもは、つけた力を使うとき、大きく成長する。事後的な活動は、そういう場を提供しているのかもしれない。

〈図 6〉音符にマークを貼って、楽譜を作り直した。鍵盤には音符に対応したマークが貼ってある。自分たちだけで練習できる工夫だ。リコーダーや鍵盤ハーモニカが難しいときには、バスマリンバを担当させてもいい。鍵盤の幅が広く、不器用な子どもも扱いやすい。一部分だけでも、旋律を演奏させてあげたい。

〈図 7〉ドラムの練習。ボランティアの学生さんに教えてもらう 。

学級の歴史をつづる

行事や校外学習などが終わった後は、活動を振り返らせ、文章を書かせたい。

〈図8〉、写真を前に仲間同士で語り合いながら、体験を共有する。この後、振り返りカードに書く分担を決めることになったが、楽しかった行事には希望者が殺到した。

手が止まる子どもには、担任が手助けをする。その様子を見守ってくれる仲間がいる〈図9〉。

全員が書き終えたら、カードを黒板に並べ、読み合わせをする。完成すると、廊下にかける〈図10〉。こうして、「学級の歴史」がつづられる。通常の学級でもよくやるが、特別支援学級ではとりわけ大事にしたい活動だ。

〈図 8〉行事の振り返り。カードに書く分担を相談して決める。

〈図 9〉仲間が担任から教わるのをいっしょに聞く。

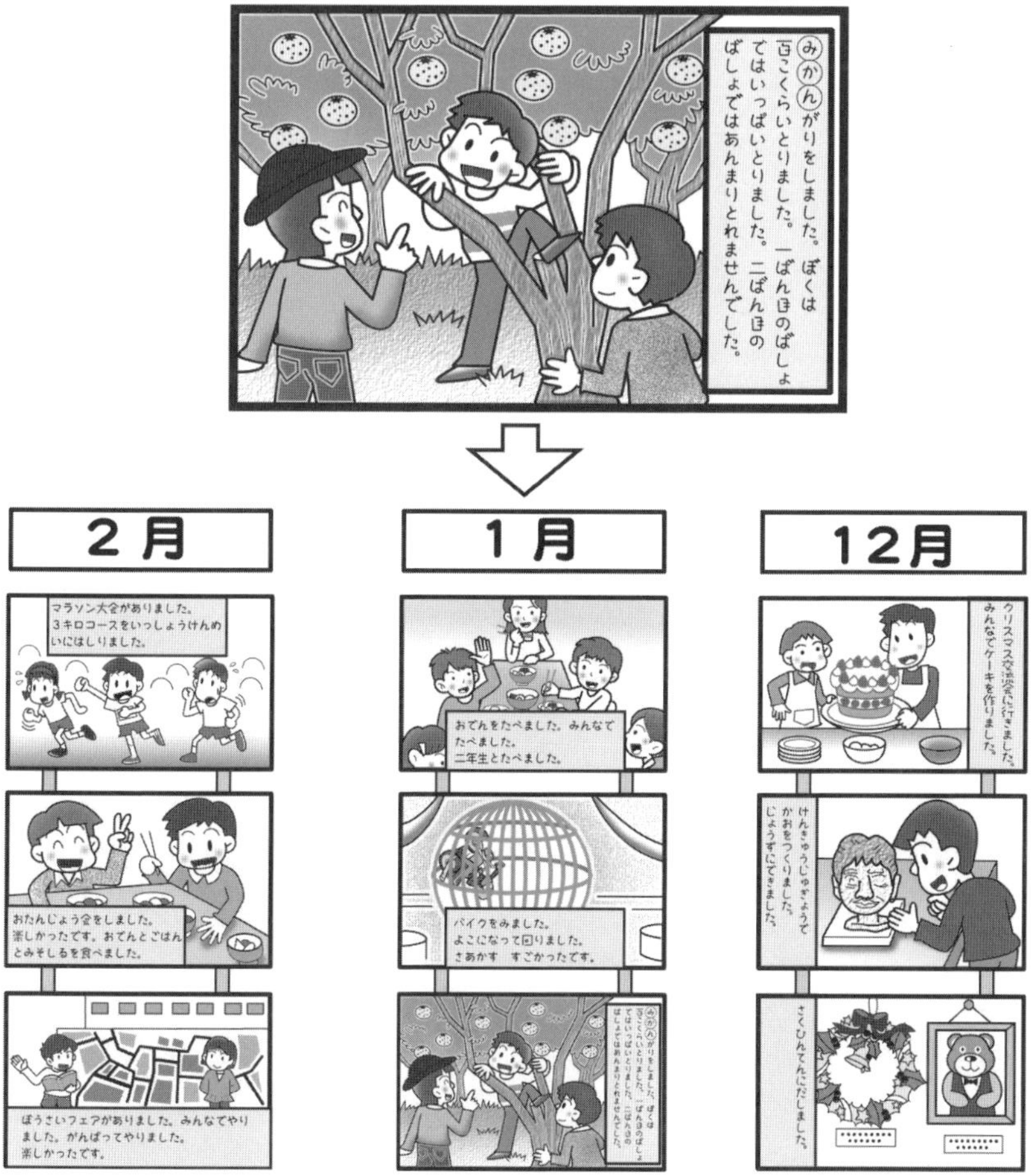

〈図 10〉完成した振り返りカードは、廊下にかけていく 。

九章解説

特別支援学級における行事指導のポイントを整理しておこう。四つある。

一つは、活動のイメージをつくることである。子どもがつまずくのは、行事の内容が想像できず、不安になるからである。写真を見せたり、リハーサルをしたりしよう。シナリオづくりといってもいい。それが、行事指導の第一歩である。

二つめは、子どもに任せることである。練習の仕方を教え、あとは子どもに任せる。手取り足取りかかわるのではなく、自分たちで動けるよう、支援ツールなどの手だてを工夫しよう。「適切な手だてをして、あとは子どもから離れる」のが、支援の原則である。

三つめ。事後的な活動である。つけた力を使う場をつくってあげよう。行事でした活動にバリエーションを加えながら、楽しそうに繰り返している子どもがいる。つけた力を使っているのだ。そんなとき子どもは、予想もしなかったような成長を見せてくれる。

四つめは、振り返りである。発達に課題のある子どもは、同じ場所で同じ時間を過ごしていても、周りの人とは全然違う体験をしていることがある。仲間と体験を共有するためにも、振り返りはとても大切である。学級で取り組んできた活動の軌跡は、写真や文章にして、目につく場所に掲示しよう。教室を訪ねてくれる人に認めてもらうのが、この子たちにはとても励みになる。自分たちのクラスに、誇りをもたせてあげたいのだ。

［第十章］

十二月――研修――太田先生の教室拝見

十二月。本章では、しばしブレイクして、
ある小学校の特別支援学級をのぞかせてもらおう。
担任の太田先生は、通常の学級を長く担任したあと、
十数年前に特別支援学級を任された。
本書で取り上げている実践のアイディアも、
多くを太田先生からいただいている。
今回、教室の風景をどうしても読者に届けたいという筆者の願いを、
きいてくださった。
このあと、心温まるすてきな写真をお見せしながら、
太田先生の実践を紹介しよう。

〈写真 1〉廊下には、学級の歴史。写真に言葉を添えて、日々の活動を振り返る。教室の前を通りかかった人に、クラスの活動をアピールできる。

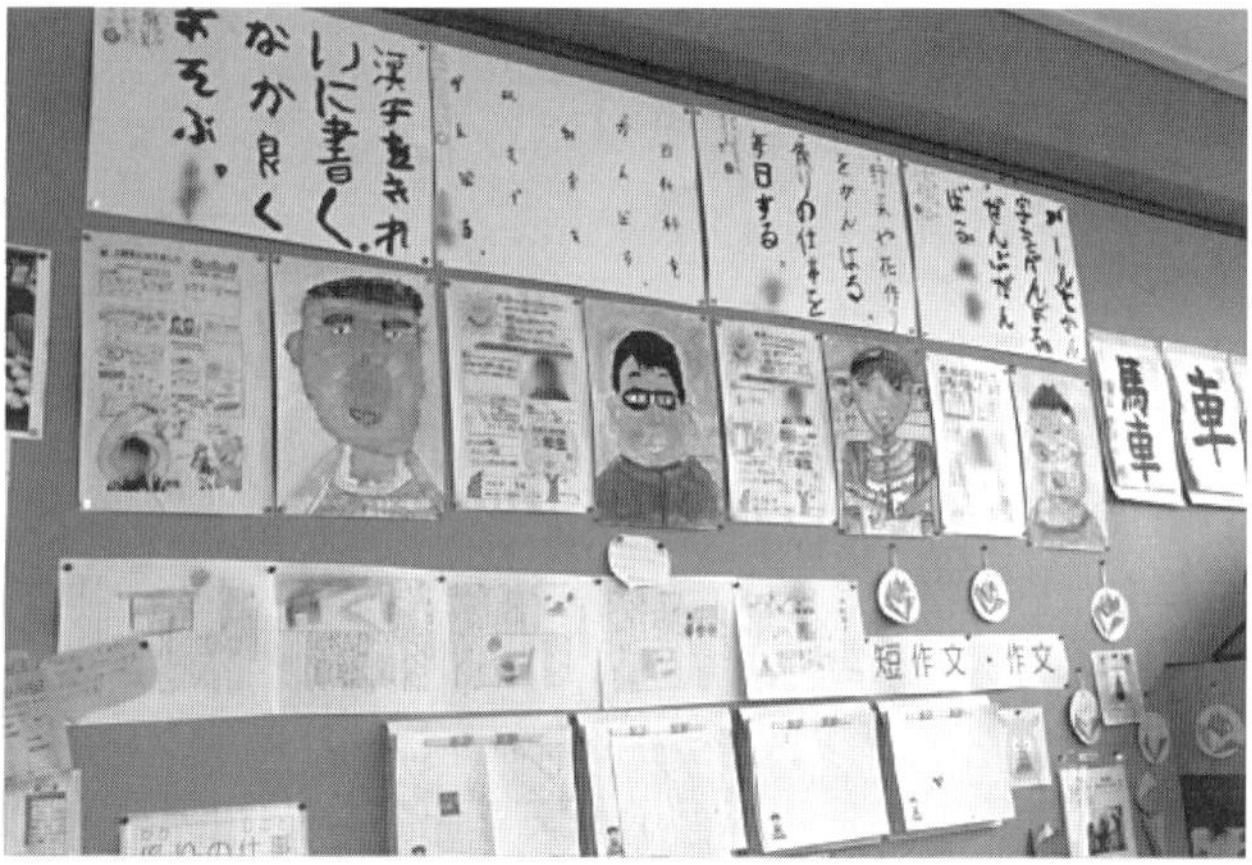

〈写真 2〉教室後方の壁面。子どもたちの作品が、美しく掲示されている。

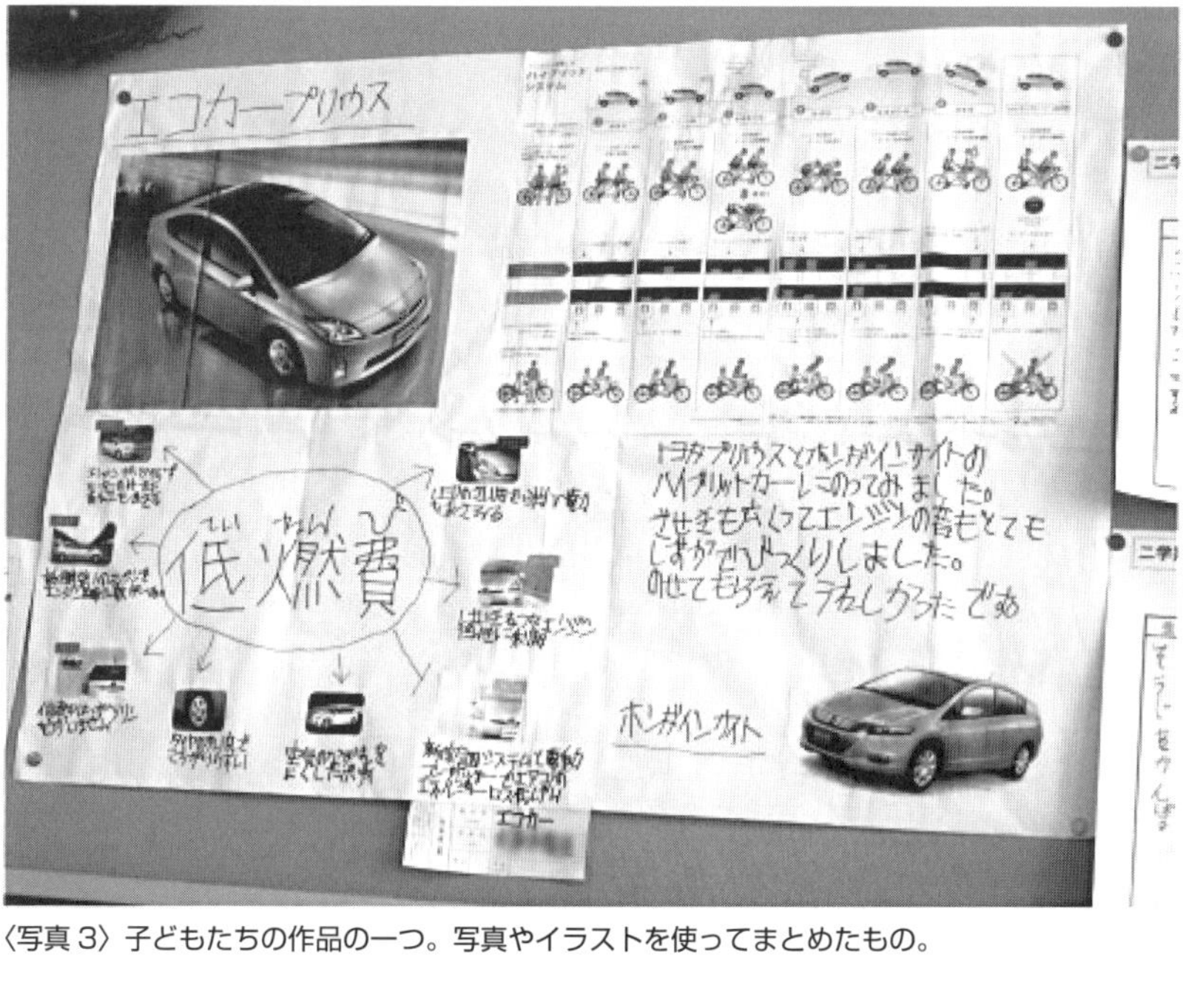

〈写真 3〉子どもたちの作品の一つ。写真やイラストを使ってまとめたもの。

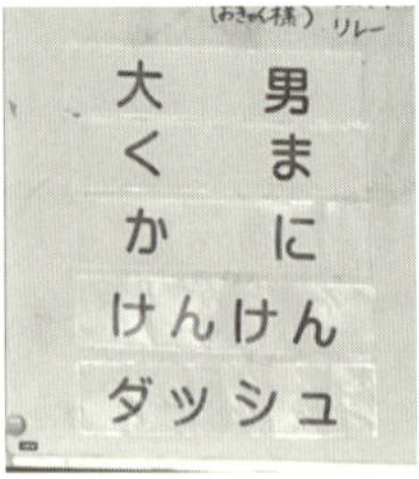

〈写真 4〉一時間目は体育である。この日の活動メニューが示される。

〈写真 5〉体育館にやってくると、自分たちで窓を開けて準備をする。

〈写真 6〉ウォーミングアップは、みんなで歩調を合わせて歩く練習だ。

〈写真 8〉かに歩き。

〈写真 7〉くま。表現活動は大切にしたい。

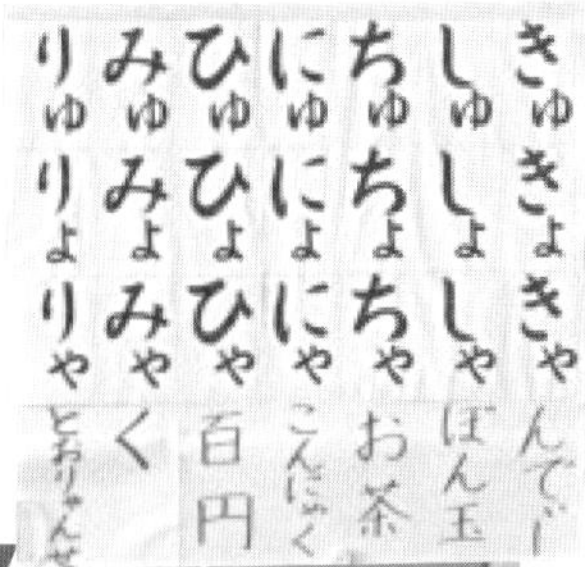

〈写真 9〉二時間目は国語。はじまりのあいさつがすむと、全員で「口の体そう」だ。はっきりとした発音で読み上げる。

〈写真 10〉しっかり読めている子どもの机の上に、ごほうびマークを置いていく。頑張っているときには、すかさず評価してあげることが大切だ。この日は、四人あわせて 59 個のマークがもらえた。

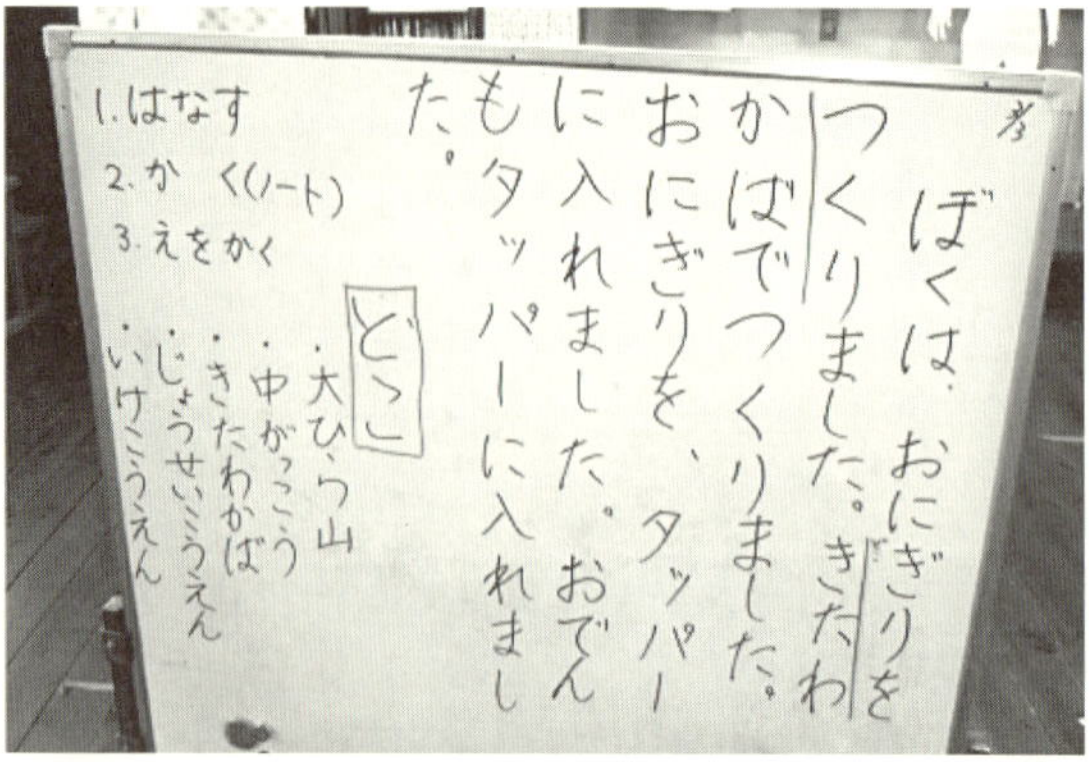

〈写真 11〉国語の時間に続けている活動である。経験したことを、話したり書いたりする学習だ。あらかじめ撮っておいた写真をモニターに映しながら、
①経験したことを、全員で語り合う。
②担任がリードしながら、語り合ったことを一つひとつ文にする。
③文章ができあがったら、全員で読む。
④各自がノートに視写する。
⑤書いたノートを読む。
といった順で学習を進める。

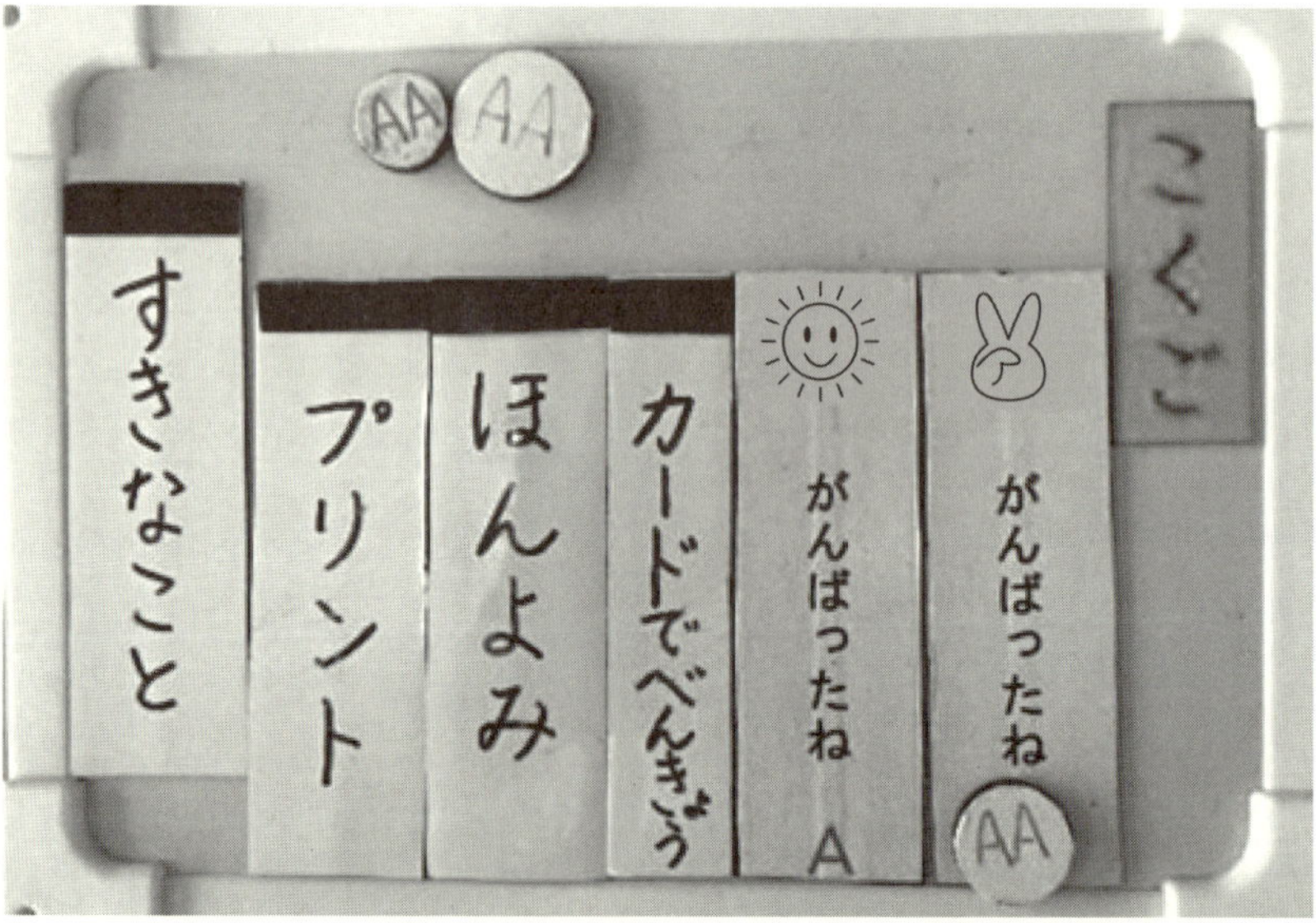

〈写真 12〉個別学習の時間、手元の手順書を見ながら、ひとりで学習を進める。ひとりでできたら「ＡＡ」、手伝ってもらったら「Ａ」である。

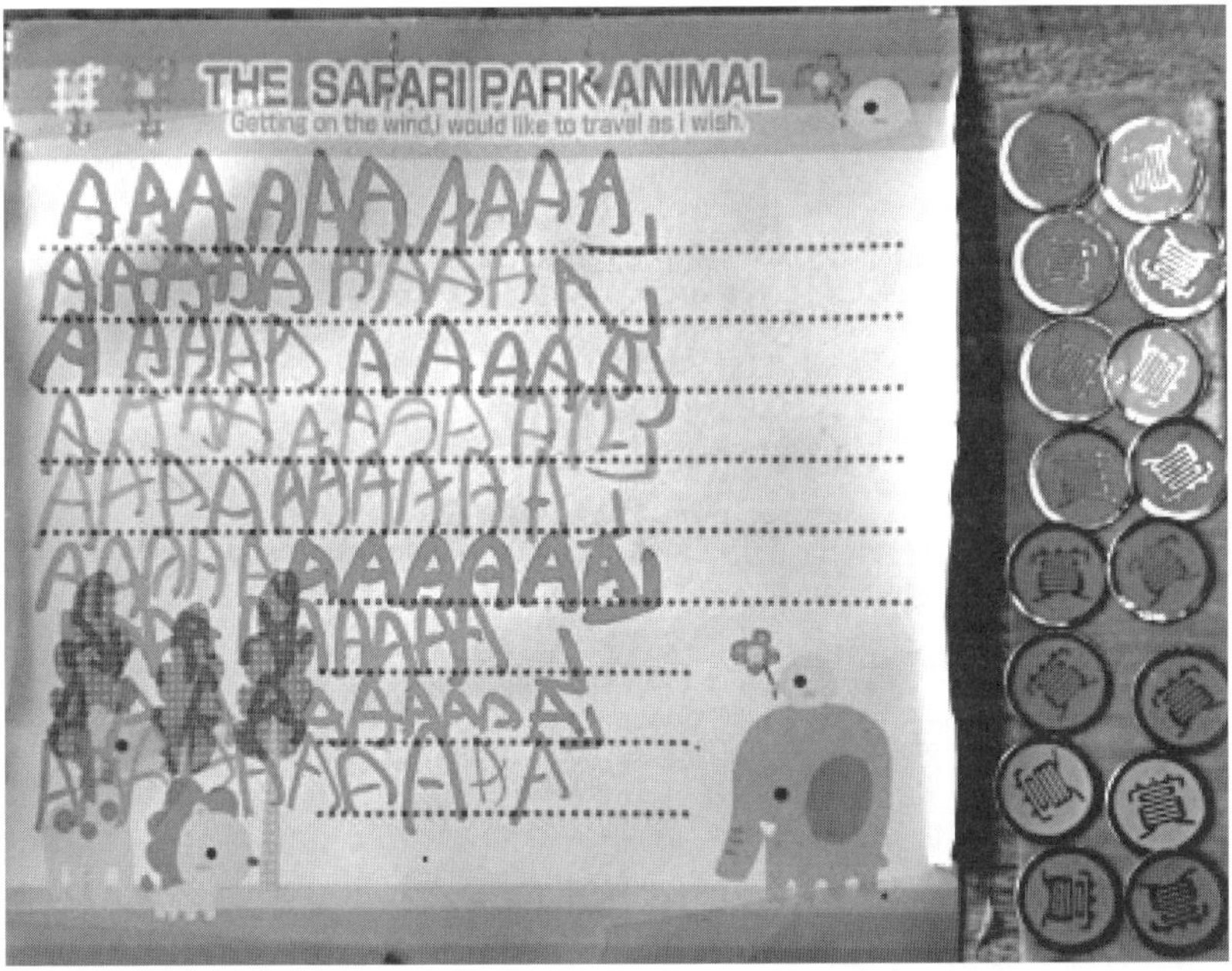

〈写真 13〉子どもの机の上には、たくさんの「A」が書かれたカードがあった。担任のかかわりが少なくなりがちなときにこそ、ひとりで頑張っている姿に「AA」をあげたい。

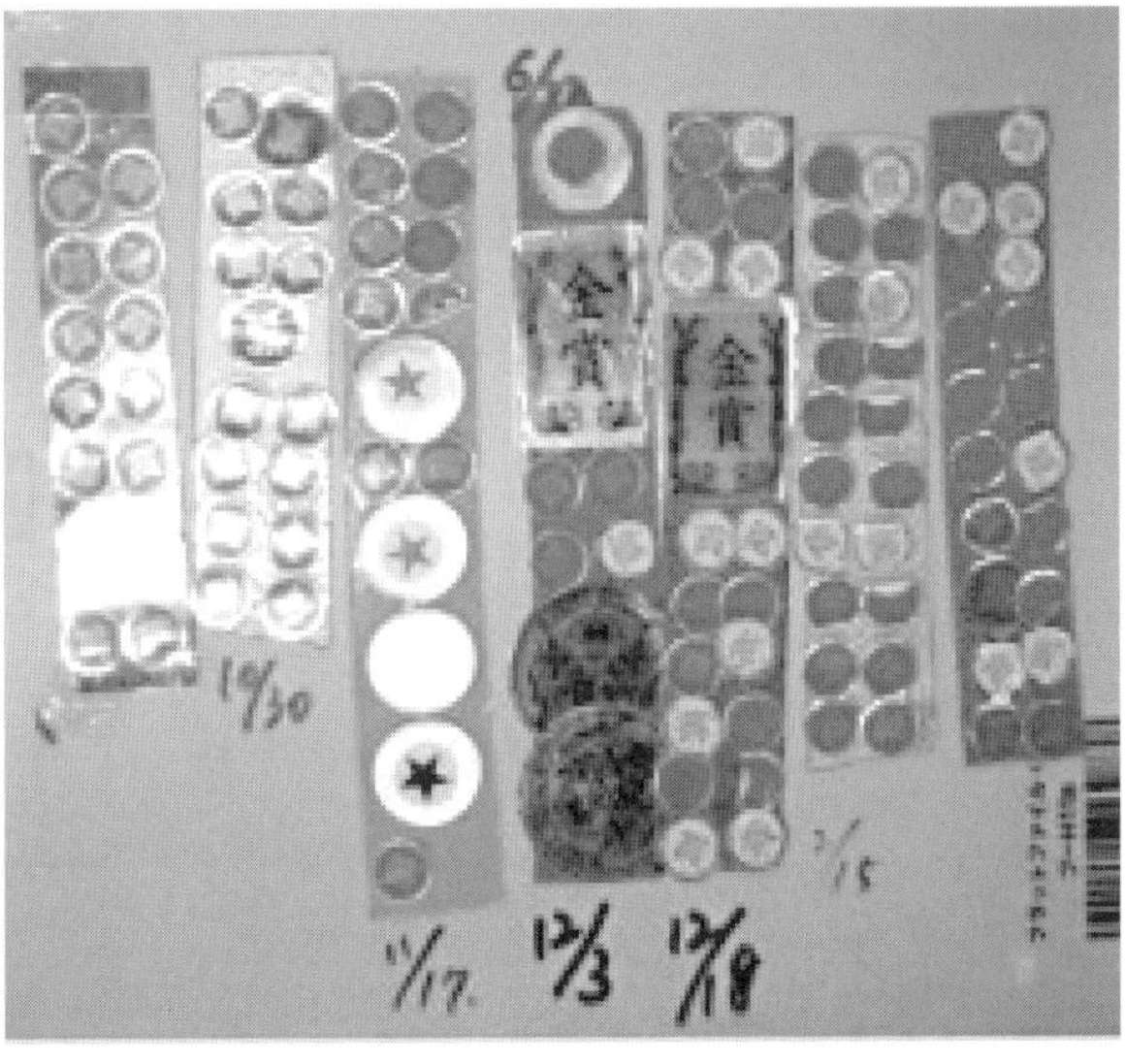

〈写真 14〉「A」が 10 個で金ぴかシールがもらえ、金ぴかシールがたまるとごほうびが出る。

〈写真 15〉個別の時間。はじめての文章は、担任がついて、正しく読む練習をさせる。他の子どもたちは、おのおののひとり課題に取り組んでいる。

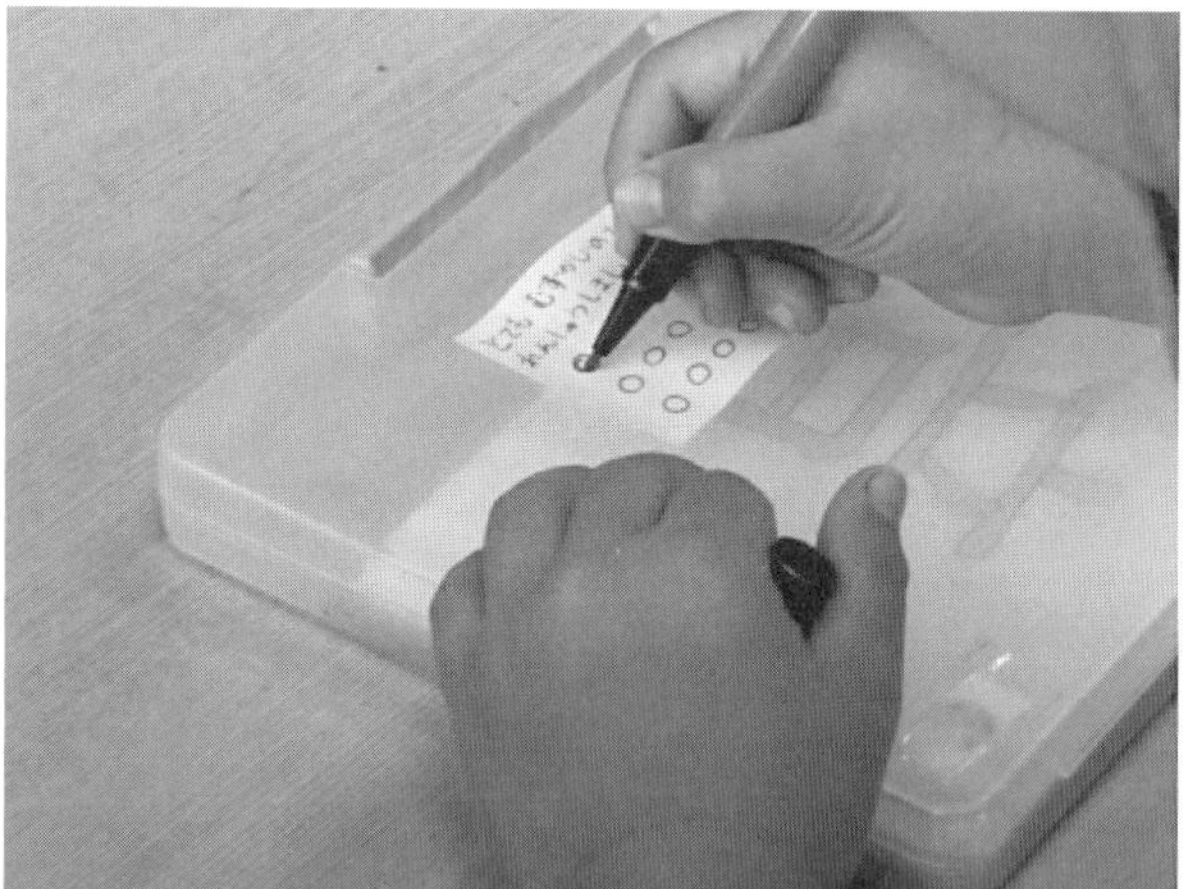

〈写真 16〉ひとり課題である。ケースの中の漢字カードを読む。ふたには、「とてもむずかしいので、15 回れんしゅうをしましょう」と書かれた紙が貼ってあった。一回読むごとに、○を塗りつぶしていく。

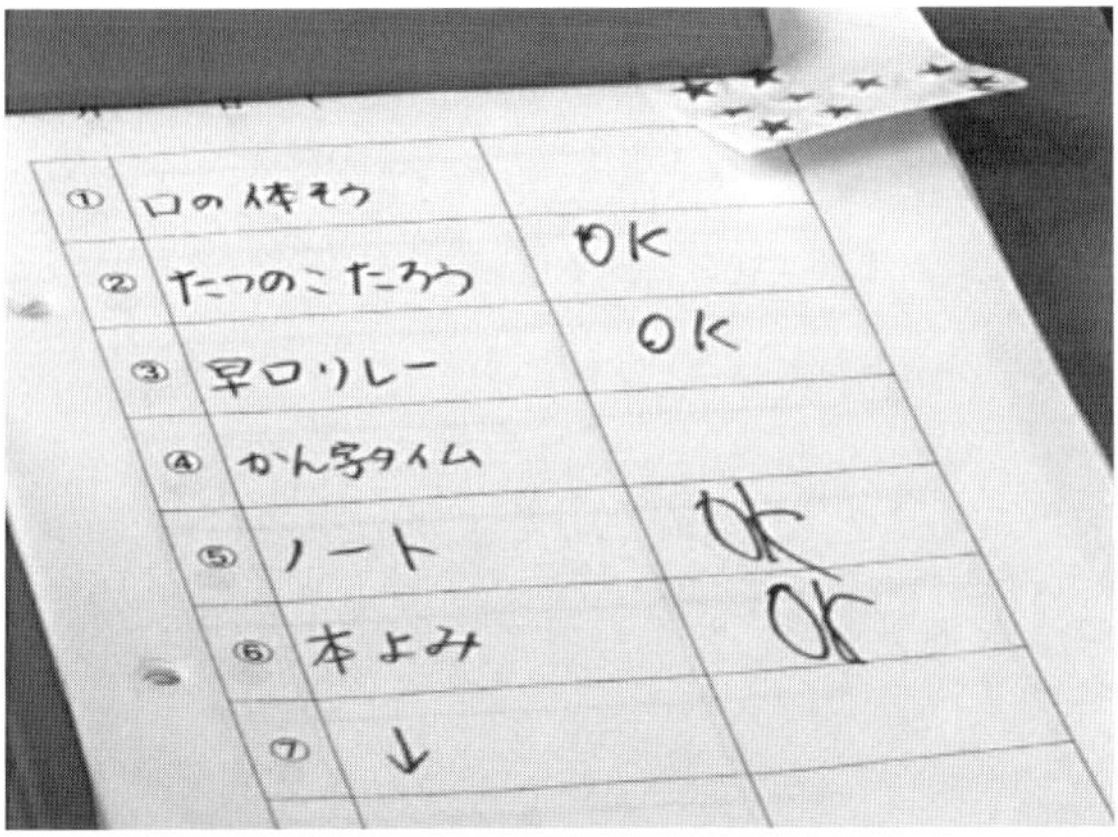

〈写真 17〉学習課題が書き込まれた手順書である。じょうずにできると「ＯＫ」サインがもらえる。ノートと本よみはひとり課題なのだが、本人なりに頑張ったようで、みずから「ＯＫ」サインを書き込んでいた。この方式は、交流に出かけたときにも使える。交流の担任に学習課題を書いてもらい、できたらサインをもらって帰ってくる。

〈写真 18〉低学年の子どもにはワークシステムが用意されていた。上から順に教材を取り出し、ひとりで課題に取り組む。終わったら、教材を下のかごに入れる。最後は「すきなこと」である。

〈写真 20〉はじめは、草ひきである。だいぶ要領よくできるようになった。

〈写真 19〉3時間目は生活単元学習、野菜づくりだ。クラスの農園に集まる。

〈写真 21〉「草ひき5分、水やり二回、もどる」と、することを自分で書いて外に出た。作業をしながら、できた分だけチェックする。

〈写真 22〉ていねいに苗を植え付ける。豊かな収穫を期待して、苗には少々お金をかける。

〈写真 23〉キュウリの背丈を測る。販売学習を継続させようと思ったら、ある程度の収量を確保しないと、売る野菜がなくなる。

〈写真 24〉とれた本数を数えて、はんこを押す。繰り上がりのある足し算ができるようになると、収穫した総数を筆算で計算する。

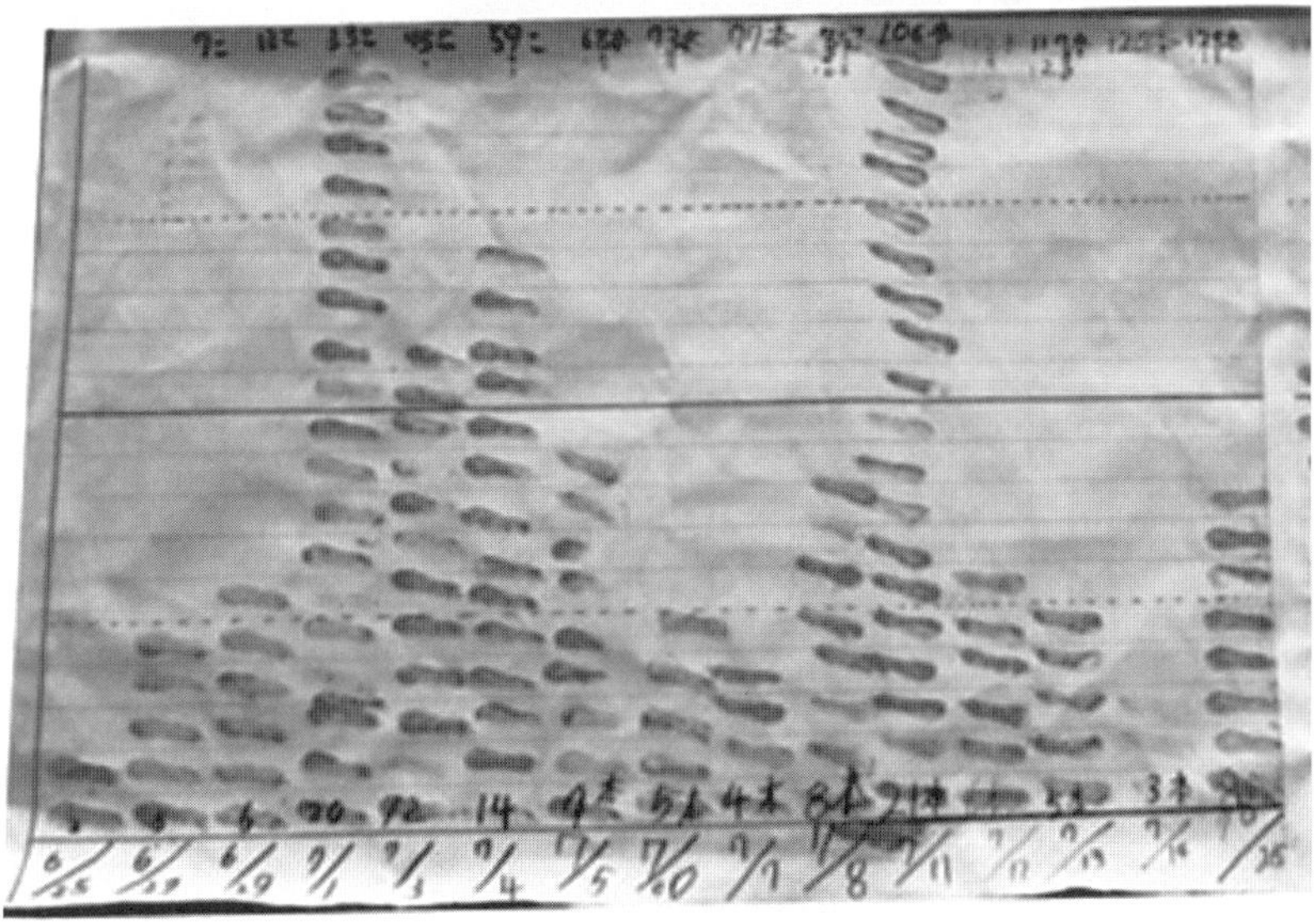

〈写真 25〉大根の販売。はじめは 100 円均一で売っていたが、子どもの成長にあわせて、値段を細かく設定するようにした。

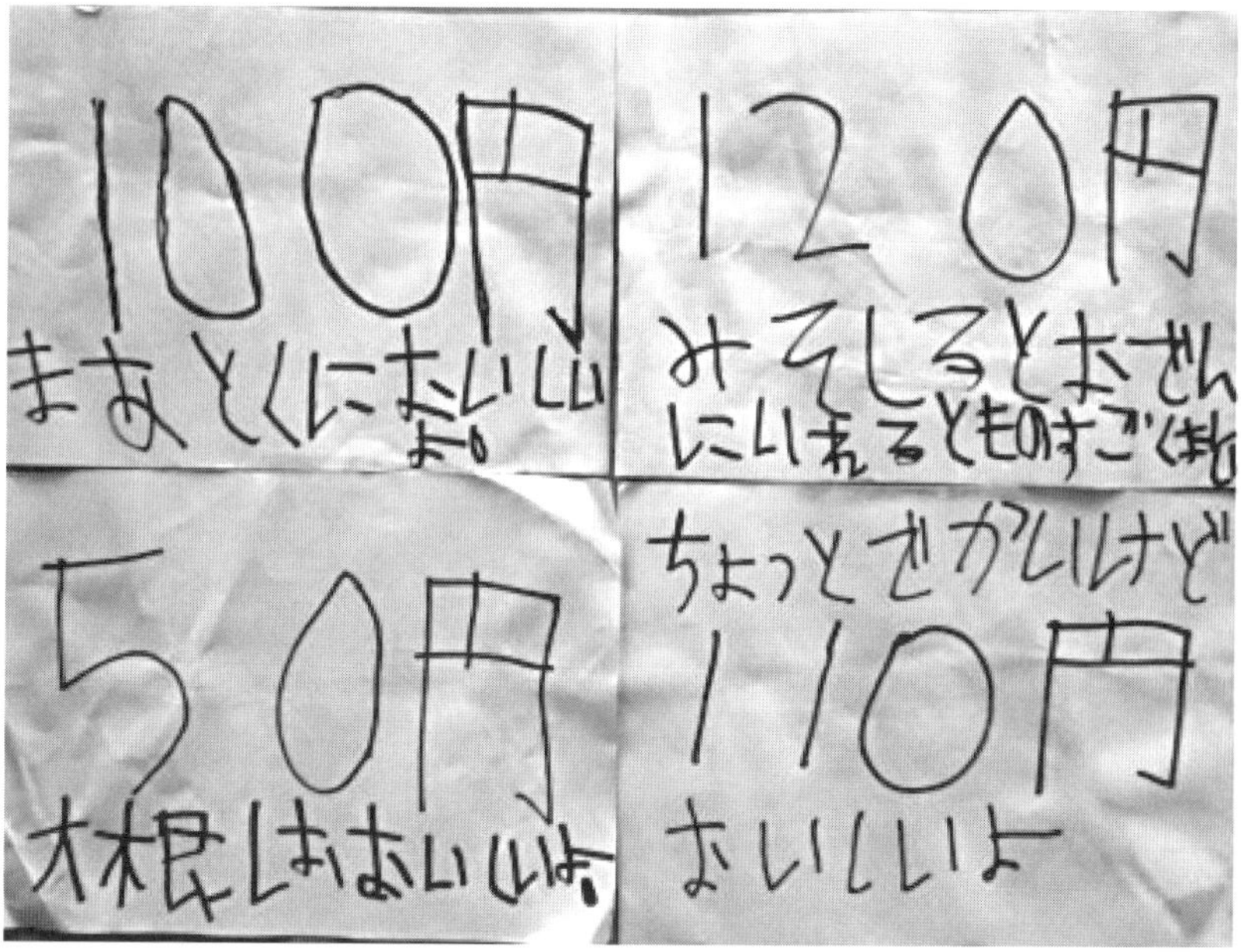

〈写真 26〉値札も、子どもが工夫する。

〈写真 27〉なすの袋に貼った値札。

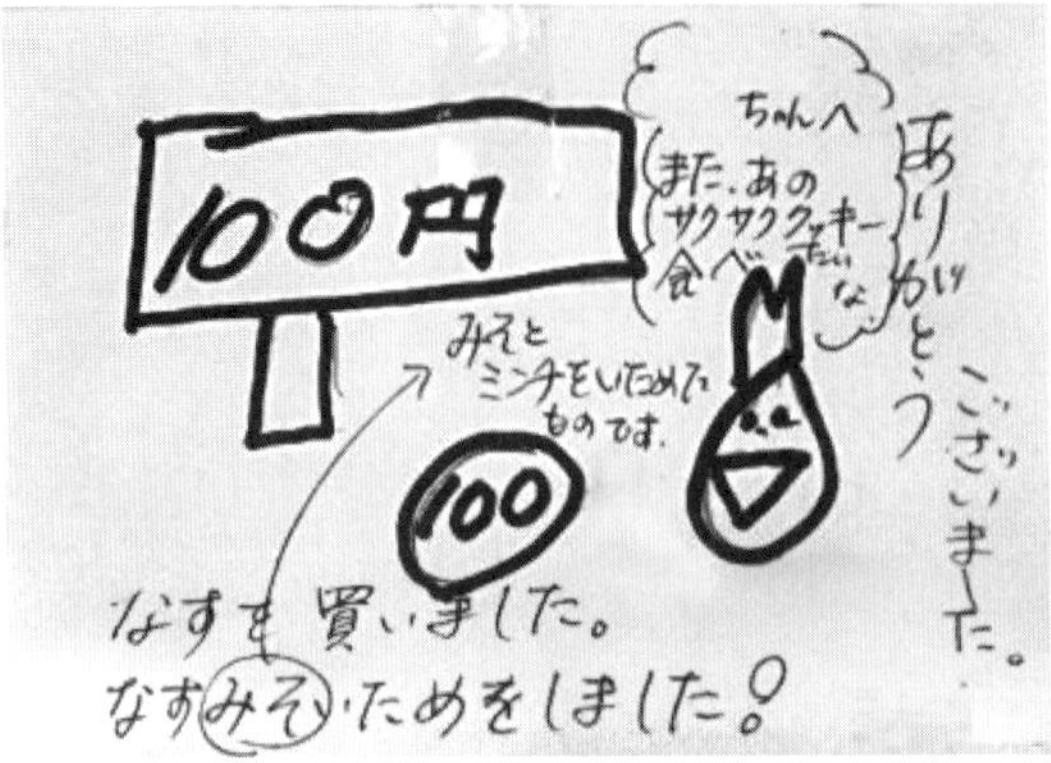

〈写真 28〉買ってくれた先生が、値札にお礼の言葉を書いてくれた。

〈写真 29〉絵の得意な先生が、感謝状を届けてくれた。

〈写真 30〉売り上げノートも作った。

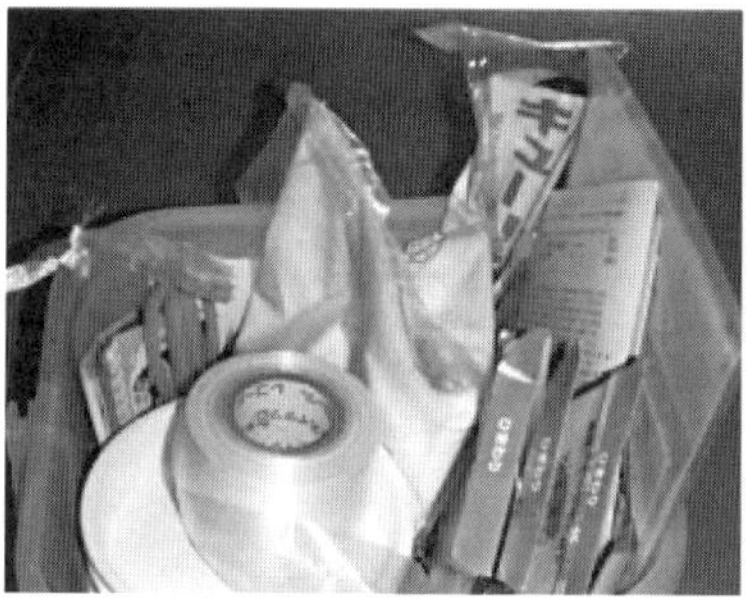

〈写真32〉一つのかごにまとめた畑グッズ。

〈写真 31〉いつも使う体育グッズを、一つのかごにまとめた。

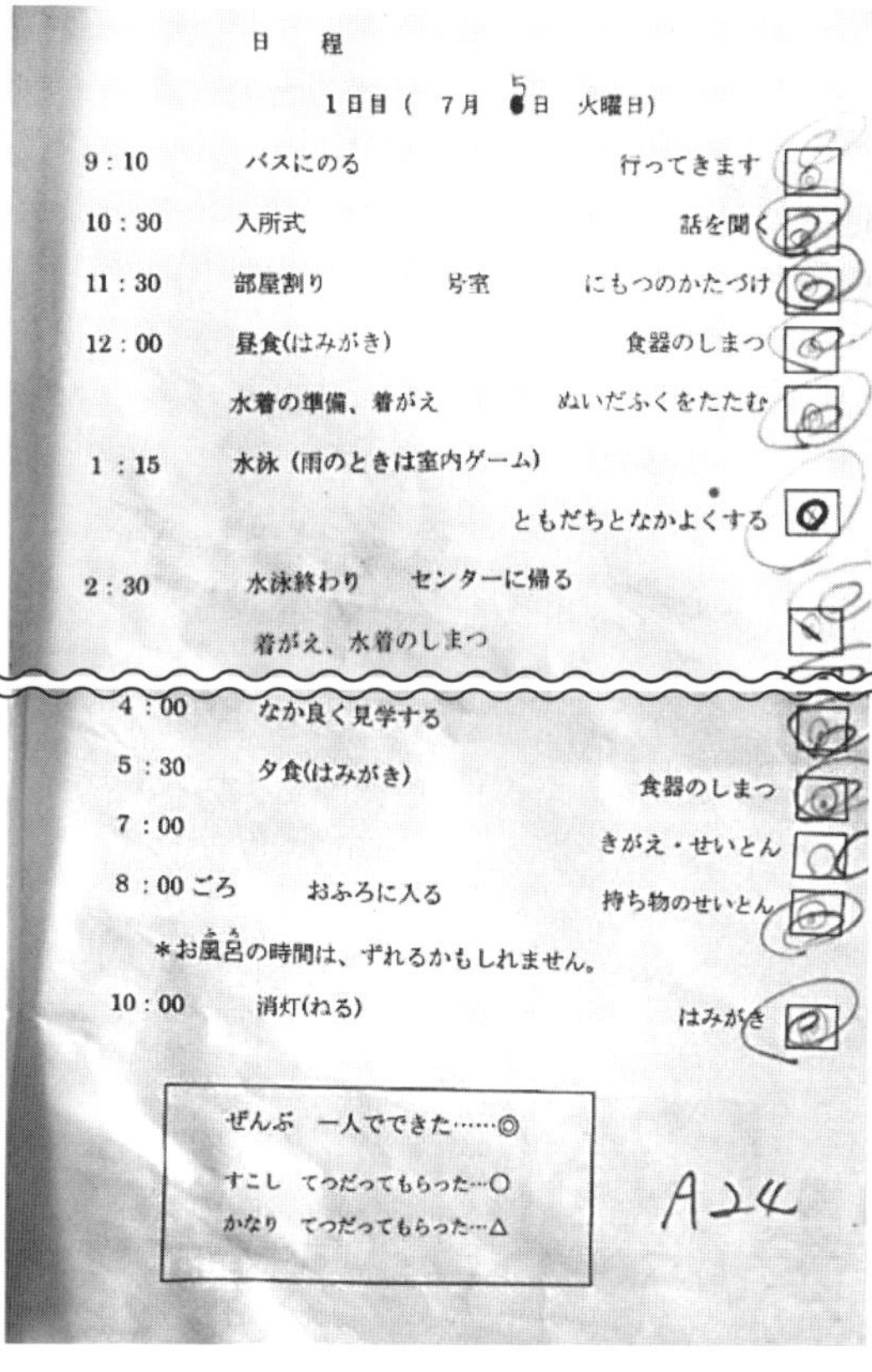

日　程

1日目（　7月　5日　火曜日）

9：10	バスにのる	行ってきます	◎
10：30	入所式	話を聞く	◎
11：30	部屋割り　　号室	にもつのかたづけ	◎
12：00	昼食(はみがき)	食器のしまつ	◎
	水着の準備、着がえ	ぬいだふくをたたむ	◎
1：15	水泳（雨のときは室内ゲーム）		
		ともだちとなかよくする	◎
2：30	水泳終わり　センター に帰る		
	着がえ、水着のしまつ		◎
4：00	なか良く見学する		◎
5：30	夕食(はみがき)	食器のしまつ	◎
7：00		きがえ・せいとん	◎
8：00ごろ	おふろに入る	持ち物のせいとん	◎
	＊お風《ふ》呂《ろ》の時間は、ずれるかもしれません。		
10：00	消灯(ねる)	はみがき	◎

ぜんぶ　一人でできた……◎
すこし　てつだってもらった…○
かなり　てつだってもらった…△

A24

〈写真 33〉合宿（4～6年生参加）のしおり。日課の合間を縫って、一つひとつの活動を振り返らせた。苦手にしていた荷物の整頓もがんばった。合宿から帰ると「A」の数を合計し、いつものカードにまとめて記入した。

〈写真 34〉六年生が修学旅行に行った。学校で帰りを待つ下級生は、「いまどこにいる？」と、日に何度も尋ねてきた。地理はまだよくわかっていないと思ったが、地図上にバスを走らせ、だいたいの位置を知らせた。

〈写真 35〉

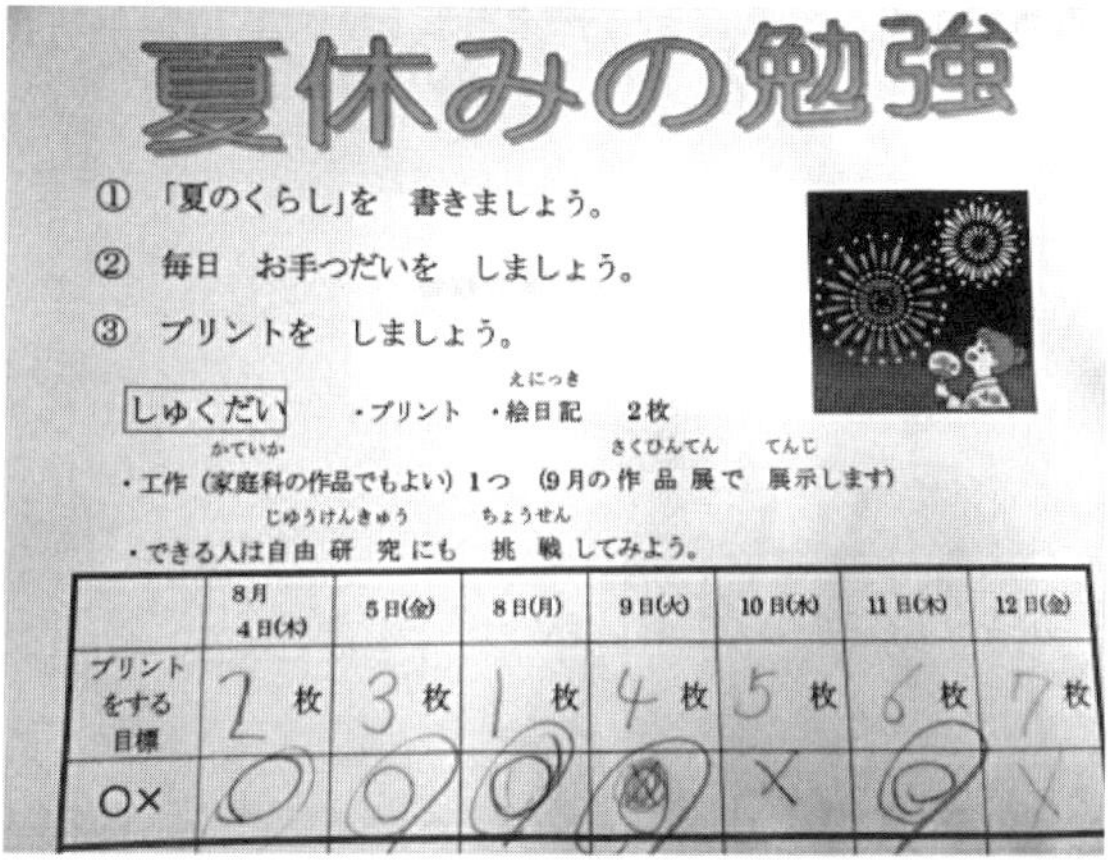

夏休みの勉強

① 「夏のくらし」を　書きましょう。

② 毎日　お手つだいを　しましょう。

③ プリントを　しましょう。

しゅくだい　・プリント　・絵日記《えにっき》　2枚

・工作（家庭科《かていか》の作品でもよい）1つ　（9月の作品展《さくひんてん》で　展示《てんじ》します）

・できる人は自由研究《じゆうけんきゅう》にも　挑戦《ちょうせん》してみよう。

	8月 4日(木)	5日(金)	8日(月)	9日(火)	10日(水)	11日(木)	12日(金)
プリントをする目標	2 枚	3 枚	1 枚	4 枚	5 枚	6 枚	7 枚
○×	○	○	○	○	×	○	×

めいろ問題
あわてず　ゆっくり
かべに　ぶつからないように
すすんでいこう！
字が　上手になるよ。

計算練習がんばろう！
わすれないように　毎日
少しずつ　練習しよう。
ちゃん
がんばれ！

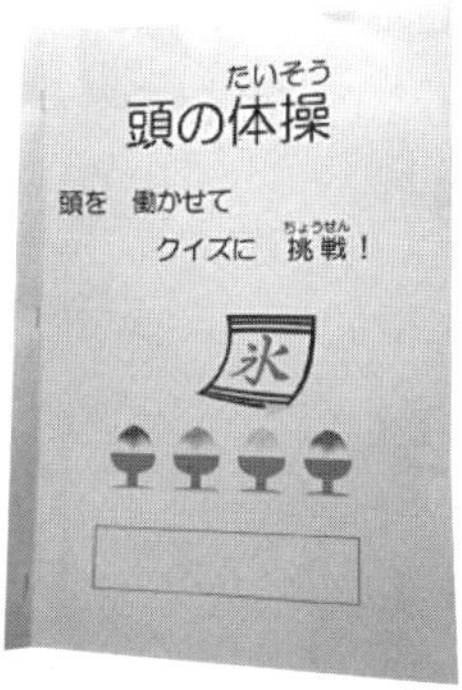
頭の体操《たいそう》
頭を　働かせて
クイズに　挑戦《ちょうせん》！
氷

〈写真 38〉　〈写真 37〉　〈写真 36〉

〈写真 39〉

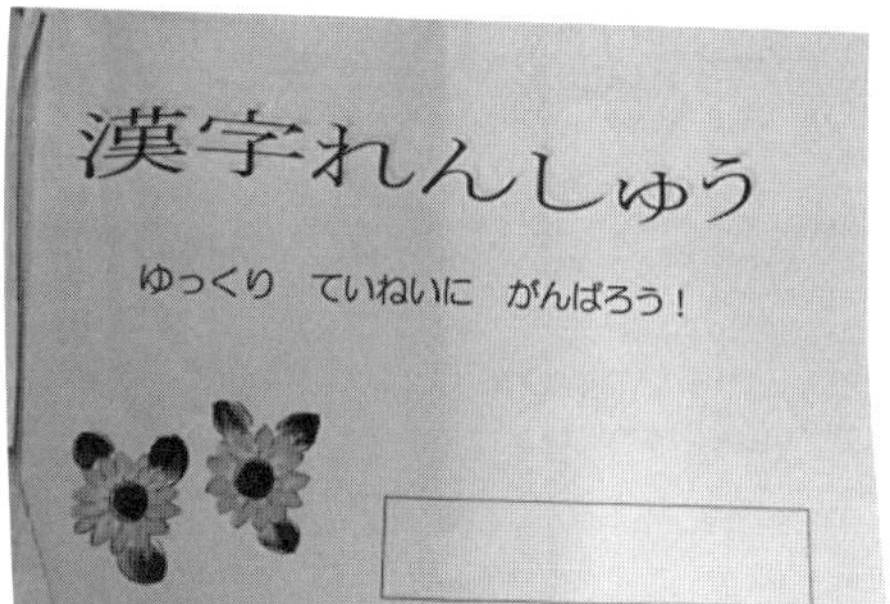
漢字れんしゅう
ゆっくり　ていねいに　がんばろう！

〈写真 35-39〉夏休みの宿題袋。プリントの中身は、子どもによって違う。かわいい表紙をつけてあげたら、渡したときの表情が去年と違っていた。ひと手間かけると、子どもはとてもうれしそうにしてくれる。

〈写真 40〉学習のまとめとして、壁新聞を年に何度か作る。「字を間違えたら、1年生に恥ずかしい」と、読んでもらう文を書くときは緊張する。

〈写真 41〉共同制作である。回を重ねるごとに、自分たちのアイディアが出せるようになった。

［第十一章］

一月――学年を超えた指導

エピソード

陽樹君は、六年生。低学年のころから裁縫の練習を続けてきた。

ある日のこと、「先生、同じじゃないから、おかしいかなあ」と、唐突に話しかけてきた。

「何が？」と尋ねると、上着のボタンを指した。

見ると、ベージュ色のボタンが、白い糸で止められている。

とりたてて違和感もなく、言われなければ気づかない。

「今朝、ボタンが取れていたから、自分でつけてみた」と話す陽樹君である。

「すごいね。そんなに早く起きたんだ」と、担任は目を丸くした。

六時ごろ起きたのだと言う陽樹君に担任は、

「お母さんにお話ししたの？」と聞いてみた。

「いや、自分でやった」と答える陽樹君。

この子の姿が、いつもより大きく見えた。

このことをお母さんが知ったのは、二週間後だった。

ゆっくり学ぶ子どもに合わせた教育計画をたててあげられるのが、特別支援学級のよさである。どうしても身につけさせたいことは、学年をまたいででも練習させよう。私たちの願いは、やればできるという希望を子どもにもたせることである。

長期的な見通し

一月。お正月が明け、久しぶりに見る子どもの顔に、ふと成長を感じることがないだろうか。

初めて特別支援学級を受け持ち、わからないながらも、何とかここまでやってきた。その成果は、必ずどこかに現れているものである。子どもが育ってくれさえすれば、いささかなりとも心にゆとりが生まれる。

さて、そんなこの時期、普段している子どもの指導に、長期的な見通しをもたせてみたい。小学校の六年間を通して、子どもにどんなことを身につけさせたらいいのだろうか。また、いつから、どのような指導に着手したらいいのだろうか。

「いろいろなこと」をさせる

特別支援学級を切り盛りする場合、単年度の指導計画や学級経営案だけでなく、六年間を見越した指導の見通しが必要である。

いたって素朴に言うなら、小学校の六年間では、子どもに「いろいろなこと」ができるようになってほしい。

「いろいろなこと」とは、例えば〈図1〉に掲げたような内容である。

そういった「いろいろなこと」を、一人ひとりの子どもの生活年齢や手持ちの力に応じて、できるようにさせてあげたいのである。
習得するのに時間がかかりそうなときには、学年の枠組みを越えて、前の学年から練習に着手してほしい。丁寧に教えさえすれば、必ずできるようになる。

体力づくりをする（図2～3）
・いろいろな動きができる（特に粗大運動＝ぶら下がり、動物歩き、逆立ち歩き、マット運動など）
・手をよく使う
・3キロを完走し、25メートルを泳ぐ

自立した生活に向けた技能を習得させ、習慣を形成する
・いろいろな場所を歩く（図4～5）
・自分の力で行動が開始できる
・音楽会で、自信をもって発表できる（自分の力で舞台の袖から出て行くなど）
・卒業式のとき、保護者が安心して見ていられるようにふるまう

基礎学力をつける
・手持ちの力を使って、やればできるという自信をもつ

伝える力をつける
・わかったこと、楽しかったことを話す
・してほしいこと、やめてほしいことを伝える
・困ったときに、担任以外の人にも援助を求める

勤勉性を培う
・周りの人が喜んでくれることをする
・手順書を見て、トイレの掃除がひとりでできる
・上級生として、クラスの下級生に声かけをする

〈図 1〉卒業までに目ざしたいこと（小学校の例）。

体力づくり

ここからは、具体的な指導のアイディアを紹介しよう。始めは、体力づくり。定番は、やはり歩行とランニングだ。

雨の日には、四階まで階段を昇る。昇り切ったところにはカードがあって、一回昇るごとに一枚はがす（図2）。〈図3〉は、短距離走の練習である。腰につけたビニールひもが、地面につかないように走る。

また、小学生のうちにいろいろな場所を歩かせておきたい。集団で歩くときには、教員が2番目を歩き、先頭の子どもは、信号や車の通行を見ながら歩く。歩くのが苦手な子どもには、距離測定器を持たせたところ、長い距離が歩けるようになった（図4、5）。

〈図 2〉雨の日には、四階まで階段を昇る。昇り切ったところにはカードがある。一回昇るごとに一枚取る。

〈図 3〉短距離走の練習。腰につけたビニールひもが地面に触れないように走る。

〈図 5〉距離測定器を使って歩く練習をさせたら、長距離が歩けるようになった。

〈図 4〉いろいろな場所を歩く。

「いろいろなこと」をする経験

〈図6、7〉は、水泳。ビート板に目印をかき、端を持って浮く練習をした。ペットボトルを使った練習も、効果的だ。

リコーダーは、交流の学級で本格的な練習が始まる前に、触れさせておこう。過敏なためリコーダーの音が嫌で、音楽の授業に入れない子どもがいるからだ。そんな子どもも、少し練習をして「シ」や「ラ」の音が出せるようになると、仲間が吹くのを遠目で見ていたりする。音の出し方がわかると、過敏さが軽減することもあるのだ。

なお、本格的なリコーダー指導は、「先生の音をよく聞いてね」と、きれいな音に聞き入らせることから始めたい。そうするうちに、

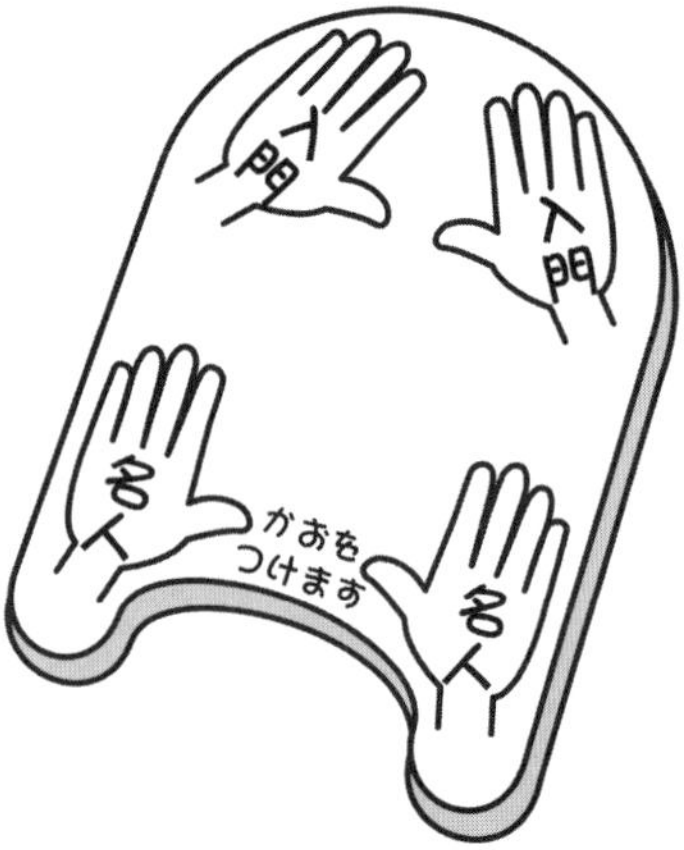

〈図6〉ビート板に目印をかき、端を持って浮く練習をする。

〈図7〉ビート板に手を置いて、泳ぐ練習をする。

やがて、自分の出す音にも注意が向くようになる。

運指が苦手な子どもには、従旋律や頭の音だけを吹かせ、音が合う楽しさを味わわせてあげよう（図8）。

また、鍵盤ハーモニカでもリコーダーでもそうなのだが、楽器の演奏は、一、二小節ずつ取り出して、そこができるようになってから先に進むのが指導の基本である。全体を通して練習させるより、はるかに効率がいい。（図9）のような「マイ楽譜」を作り、車の種類ごとに分割して練習させたら、伴奏部分が吹けるようになった。

毛筆指導も、先取りしておこう（図10、11）。準備や片づけの手順、そして道具の名称などは、カードに書く。交流の学級で授業を受けるころには、ぜんぶ覚えているはずだ。

〈図 8〉リコーダーの練習。始めの音だけを吹く。

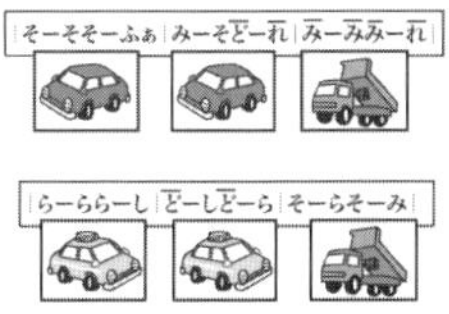

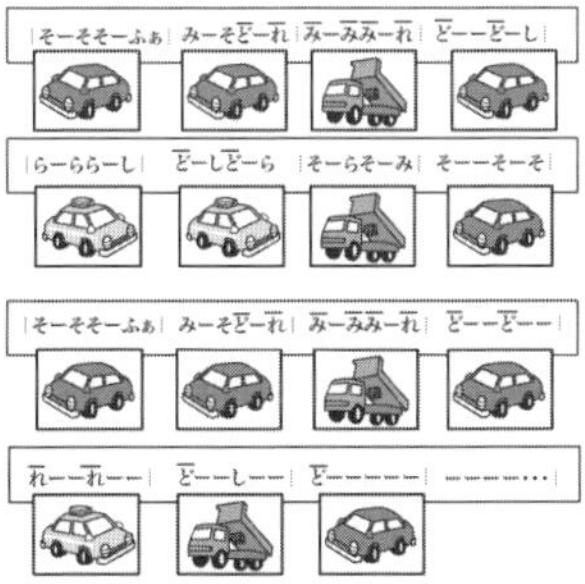

〈図 9〉リコーダーは、1―2小節ごとに細かく区切って練習させる。

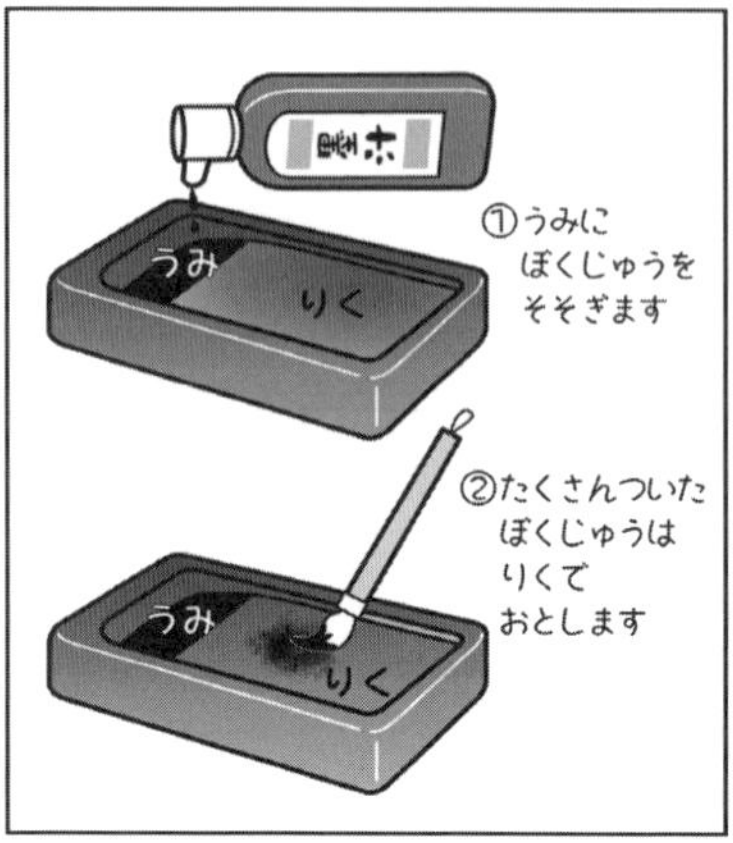

〈図 10〉始めは水書紙に書く。

〈図 11〉すずりの名称と墨汁のつけ方を、絵に描いて示す。

裁縫にチャレンジする

裁縫の練習も、早めに着手しておこう。針の扱いを覚えてしまえば、ものづくりのレパートリーは格段に広がる。

〈図12〉は、ひも通し課題である。五年生から始まる縫いものを意識している。針を持つ前に、ちょっと練習だ。いきなり布を扱うのではなく、穴を開けた板に、スニーカーの靴ひもを通す。靴ひもだと、先が固くて穴を通しやすい。

上下交互に通せるようになると、今度は、針で穴を通す練習に切り替える。普通の縫い針は刺さると痛いので、始めは毛糸用の縫い針を使用する。あまりとがっていないので、触れてもさほど痛くない。

なお、針に慣れるためには、ビーズ通しがいい練習になる。先ほど使った毛糸用の縫い針でさせてみた。子どもたちは、きらきら光るビーズがお気に入りだった。

板を用いた課題を一通りマスターしたところで、次は布を使った練習だ。フェルトの布を二枚重ねにして縫うのだが、始めは、布に穴を開けておく（図13）。

ここまできたら、あとはいよいよ、ぞうきん縫いに挑戦である。しつけをして布がずれないようにするとともに、針を通す位置に油性ペンで印をつける。苦労して仕上げたぞうきんは、なかなか使う気になれないようだった。

〈図 12〉板と靴ひもを使って、運針の練習をする。

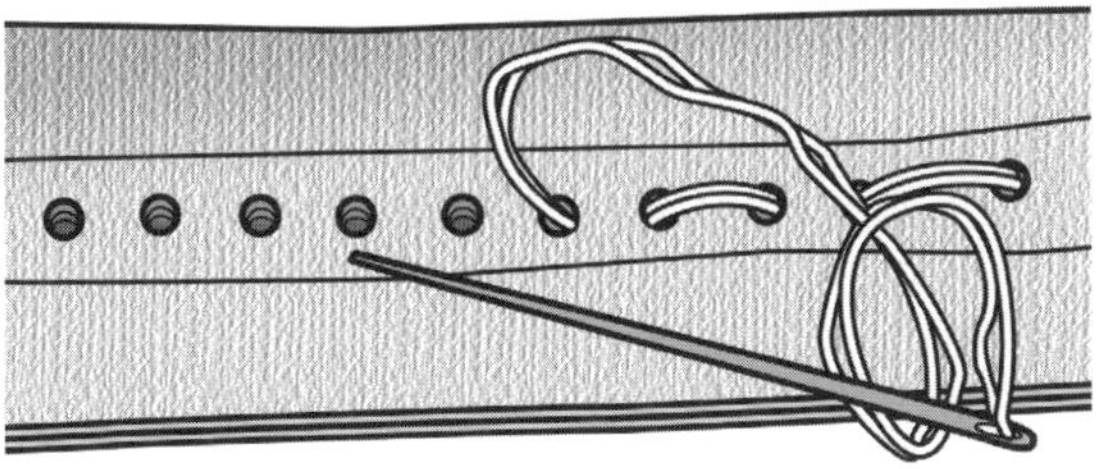

〈図 13〉フェルト二枚を重ねて縫う。針を刺す場所に穴を開けておいた。

ところで、入門期の題材として、〈図14〉に掲げたにおい袋づくりも、子どもが喜んでくれる。

初めて糸を通すとき、針刺しに刺したまま通そうとする子どもがいた。針先が恐かったのだろうが、自分でやりやすい方法を見つけたのだった。ちなみにこちらも、針を通す位置には、すべて鉛筆で印をつけておく。そうすると、最後の一針まで集中して縫える。

最後に、ミシンのことを少し。上級生が家

におい袋の作り方

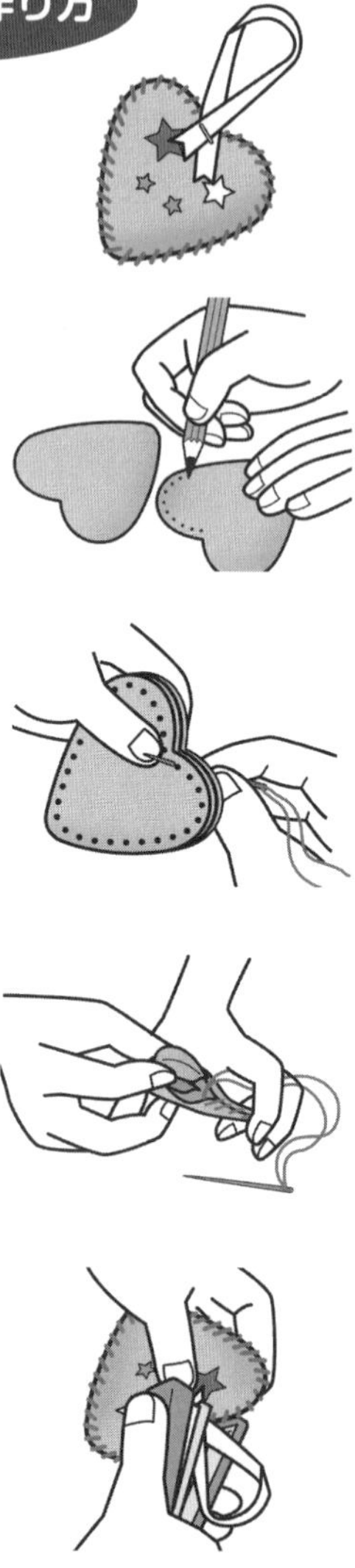

①フェルトの布を同じ形に二枚切る。縫う位置に印をつける。

②針に糸を通し、玉結びをする。布を二枚合わせて、一部を残してかがり縫いする。

③ポプリを入れる。袋の口を縫って閉じ、糸を玉止めする。

④飾りを接着剤でつけ、リボンをホチキスで留める。

〈図14〉

庭科でするのを見て、「自分も、やってみたい」と、あこがれる下級生は多い。

ミシンは、足でコントローラーを踏む機種と、手元のスライド式ボタンを操作する機種がある。足では、微妙な力加減が難しい。いっぽう、ボタン操作はたやすくても、片手で布を支えるのが難しく、かえってやりにくそうにする子どももいる。〈図15〉に、練習法を示した。導入段階では、紙を使って練習させるのがコツである。

ミシンの練習

①空縫いをさせる。コントローラーやボタンを操作する感触と、針が上下するスピードとの関係をつかませる。

②広告紙の裏を利用して、針が穴を開けながら進む動きを見せる。次に、2、3センチの間隔で線を引き、その間を縫わせる。最終的には、線の上を縫えるようにする。

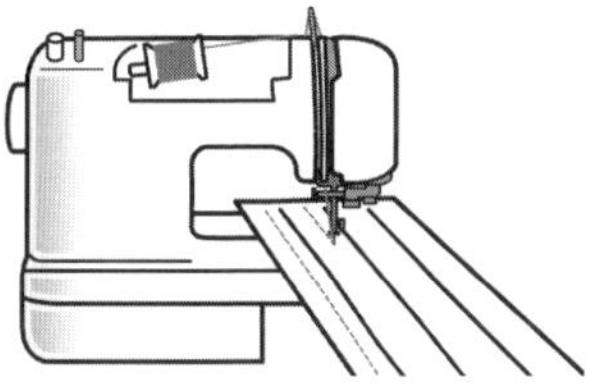

③ミシンについている番号にそって、糸通しをさせる。ぞうきんを縫う場合、タオル地は扱いにくいので、線を引いた紙をのせて縫うといい。

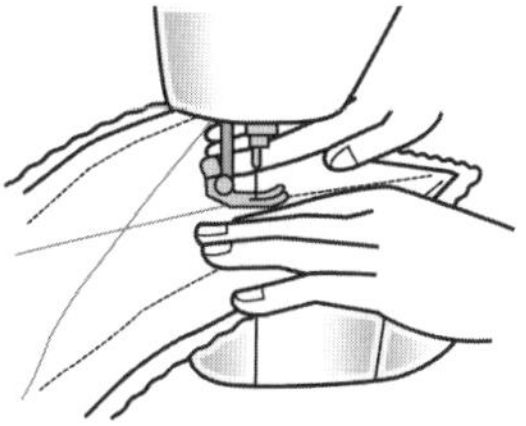

④クッションを作る。手縫いで刺繍をし、周囲をミシンで縫って袋状にする。ポイントは三つ。
（1）布をまっすぐに張り、針の動きに任せる。（2）端をきちんと折って、周辺からアイロンを当てる。（3）裏返して、スポンジをつめる。四つの角をぴったり合わせる。

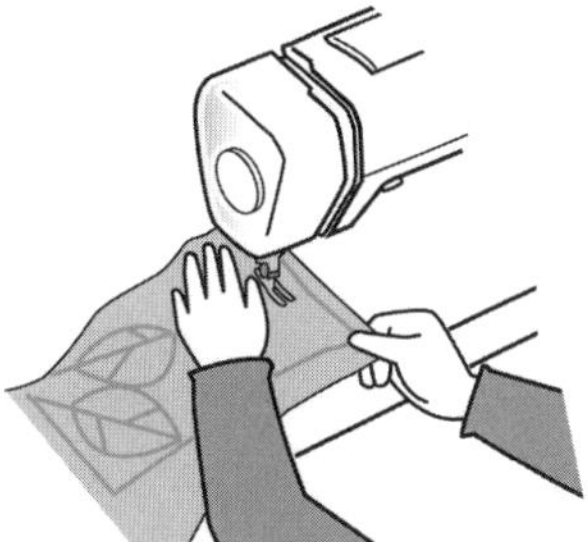

〈図 15〉

十一章解説

第十一章のテーマは、学年を超えた指導だった。特別支援学級では、六年間を見通した、体系的かつ継続的な指導を展開したい。一人ひとりの子どもにどんな力をつけて卒業させたいのか、担任として、強い願いをもってほしい。

始めに取り上げたのは、「からだづくり」だった。特別支援学級で学ぶ子どもたちは、しばしば体力の問題を抱えている。気分の変動も、実は体力的な脆弱さが背景にある場合が少なくない。なかでも、走ったり、長い距離を歩いたりする活動は、継続的に指導したい。余暇活動のレパートリーを広げるという観点からも、大切な取り組みだ。

先を見通した指導ということでは、もう一つ、技能的な内容も取り上げておきたい。

けん盤ハーモニカ、リコーダー、毛筆、水彩画、そして裁縫（手縫い・ミシン）などは、交流の学級でそれぞれの単元に入る前に、必ず指導を開始しておこう。習得に時間を要する技能については、学年を前倒しして練習をはじめる。

上級生がするのを見て、やってみたくなる子どももいる。初めてのことが苦手な子には、道具に触れる機会をつくるだけでもいい。

交流に出かけたときのことを想像してみてほしい。同じ学年の仲間より先にできるようになっているその子に、「ちょっと、やってみせてくれる？」と、周りの子どものお手本をさせてあげられたらすてきだ。

［第十二章］

二月──卒業式と次年度への引き継ぎ

エピソード

柴田先生は、この春、七年間勤めた小学校をあとにすることになった。来年度の担任が内定し、ようやく引き継ぎの時間をとることができた。

長年使ってきた宿題の提出箱や教材かごを手に、教室の中を歩く柴田先生。授業前の準備のしかたや教室を移動するときの並び方など、教室の空間内で子どもたちが身につけてきた動きを、一つひとつ動線をたどりながら再現してみせた。

次に、それぞれの子どもの、一日や一週間の流れを伝える。子どもたちが、どれくらい先をイメージして動けていたのか、使いこんだスケジュールやカレンダーを机の上に広げ、説明していった。

続いて取り出したのは、ヒットした教材やツールの実物、あるいはその写真を綴じ込んだ「教材・ツールブック」。

そして、子どもがうまく振る舞えたときの教師のかかわり方をエピソードにした「オーダーメイド・マニュアル」である。

一か月ほど前から、コツコツ整理してきたものだった。

年度末は、引き継ぎのシーズンである。
卒業していく子どもは、中学校に引き継ぎ、自らが去らなくてはならないときは、在校生をあとの担任に託す。子どもたちの学びのあとを、詳しく伝えたい。

卒業式に向けて

二月。六年生がいる学級では、卒業式の練習に忙しい。おじぎのしかたと証書の受け取り方から練習を始める。おじぎは、「手で、ひざの少し上を触るよ」と言ってあげるとじょうずにできる（**図1**）。こういう所作は、通知表やちょっとした表彰状などを手渡す機会を利用して、繰り返し教えておこう。

前日のリハーサルでは、本番に近い設定にする。証書をもらいにいく動線を確認する。いったん立ち止まる位置は、花の色を変えた（**図2**）。当日の朝は、必ず会場を見せておく。

〈図 1〉卒業証書を受け取る練習。おじぎが難しい子どもには、頭を下げる指導より、手でひざの少し上を触る練習をさせたほうがいい。

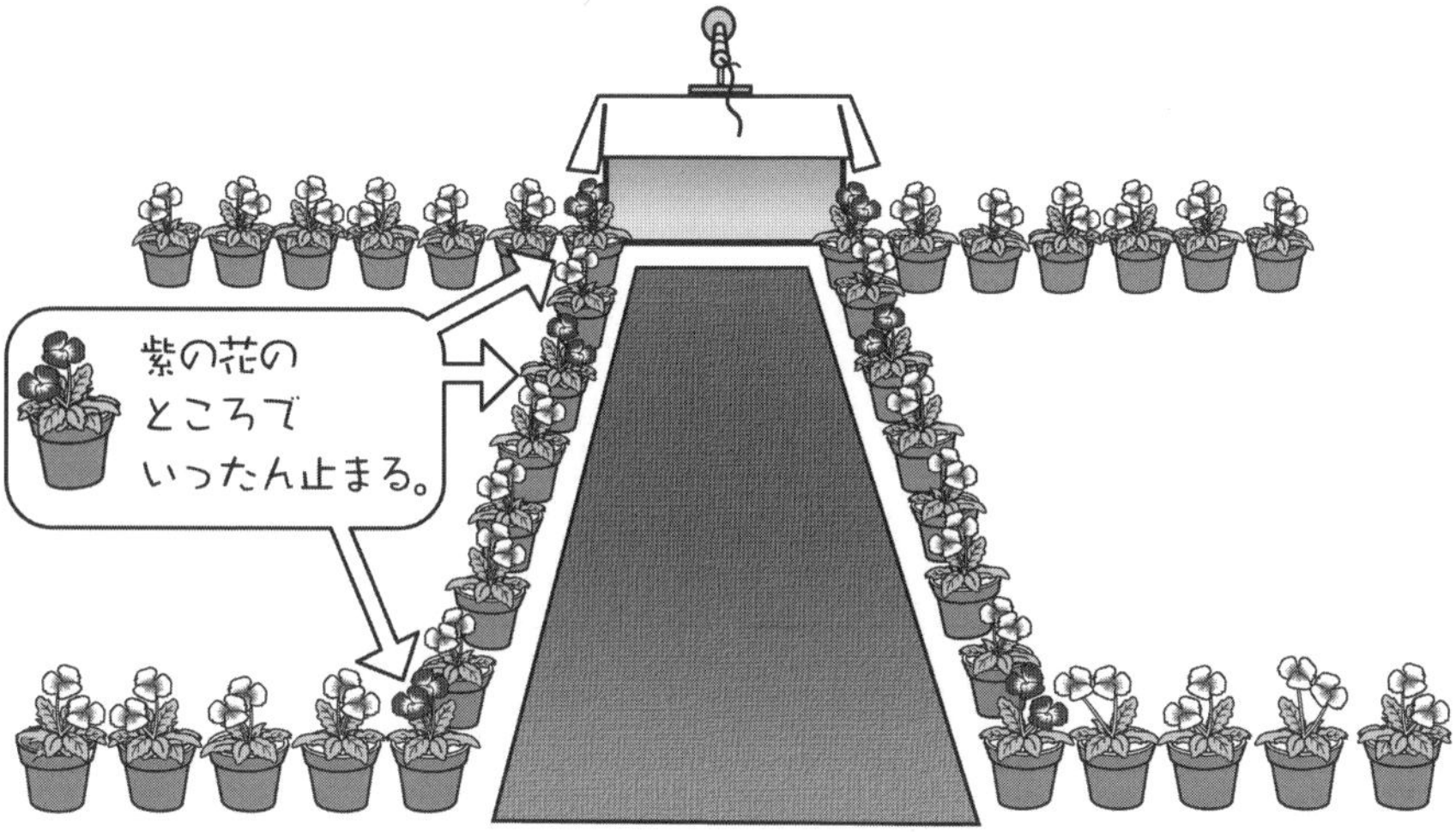
紫の花の
ところで
いったん止まる。

〈図 2〉卒業式の会場準備。練習のときには、本番とほぼ同じ状態にしておく。当日の朝は、必ず会場を見せておく。

卒業生を送る子どもには、目立たないツールを作ってあげよう。式次第と、証書を受け取る卒業生の名まえを書いた（図３）。

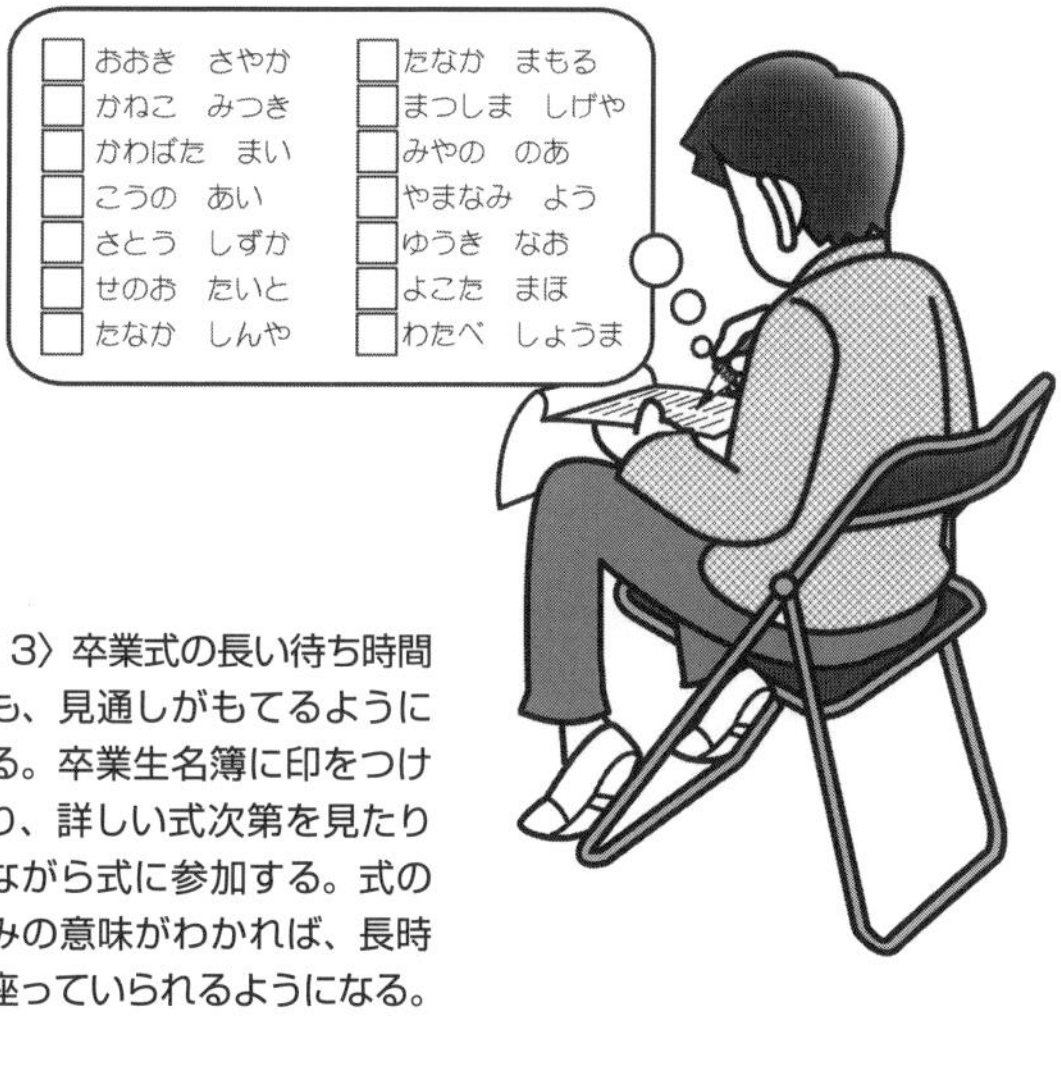
おおき　さやか
かねこ　みつき
かわばた　まい
こうの　あい
さとう　しずか
せのお　たいと
たなか　しんや
たなか　まもる
まつしま　しげや
みやの　のあ
やまなみ　よう
ゆうき　なお
よこた　まほ
わたべ　しょうま

〈図 3〉卒業式の長い待ち時間でも、見通しがもてるようにする。卒業生名簿に印をつけたり、詳しい式次第を見たりしながら式に参加する。式の営みの意味がわかれば、長時間座っていられるようになる。

引き継ぎに当たって

担任が替わることになったときは、大急ぎで引き継ぎ資料を整えなくてはならない。かつて自分がほしかった情報を盛り込もう。

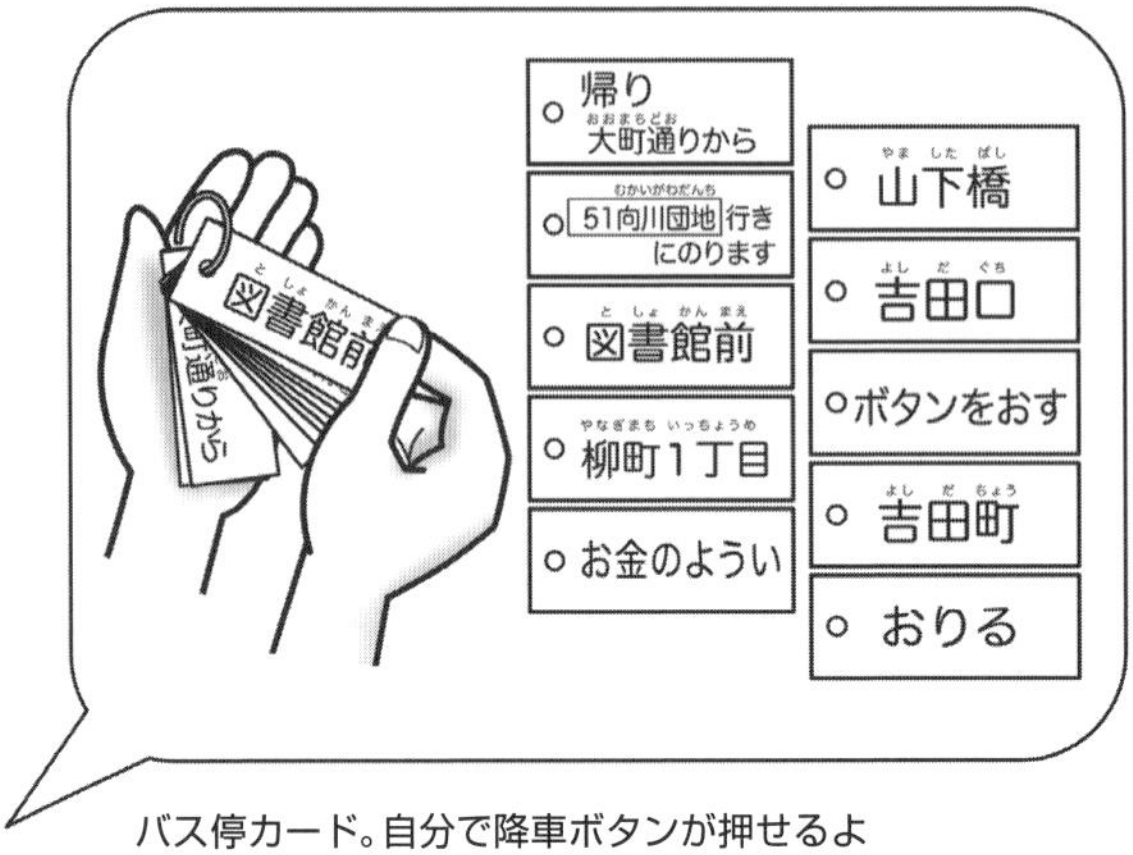

バス停カード。自分で降車ボタンが押せるように練習する。

命にかかわる疾病や、学習・生活に特段の困難をもたらしている障害については、詳しい内容を書面に記したうえで、正確に伝達してほしい。

いっぽう、普段の学習・生活に関する情報については、子どもの能力や特性を伝えるだ

授業で作った作品。立方体の面の形や構成を考えながら、牛乳パックの周りに紙を貼り、鉢カバーを作る。

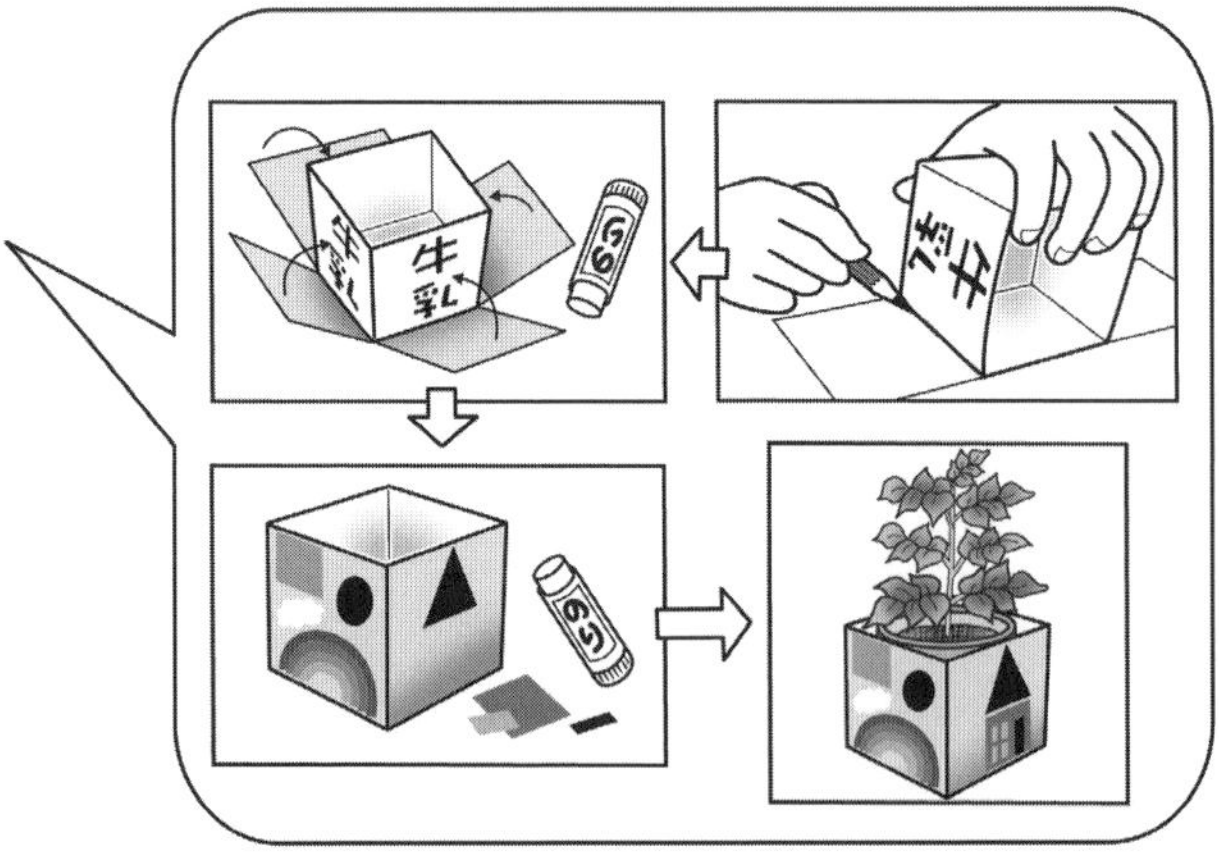

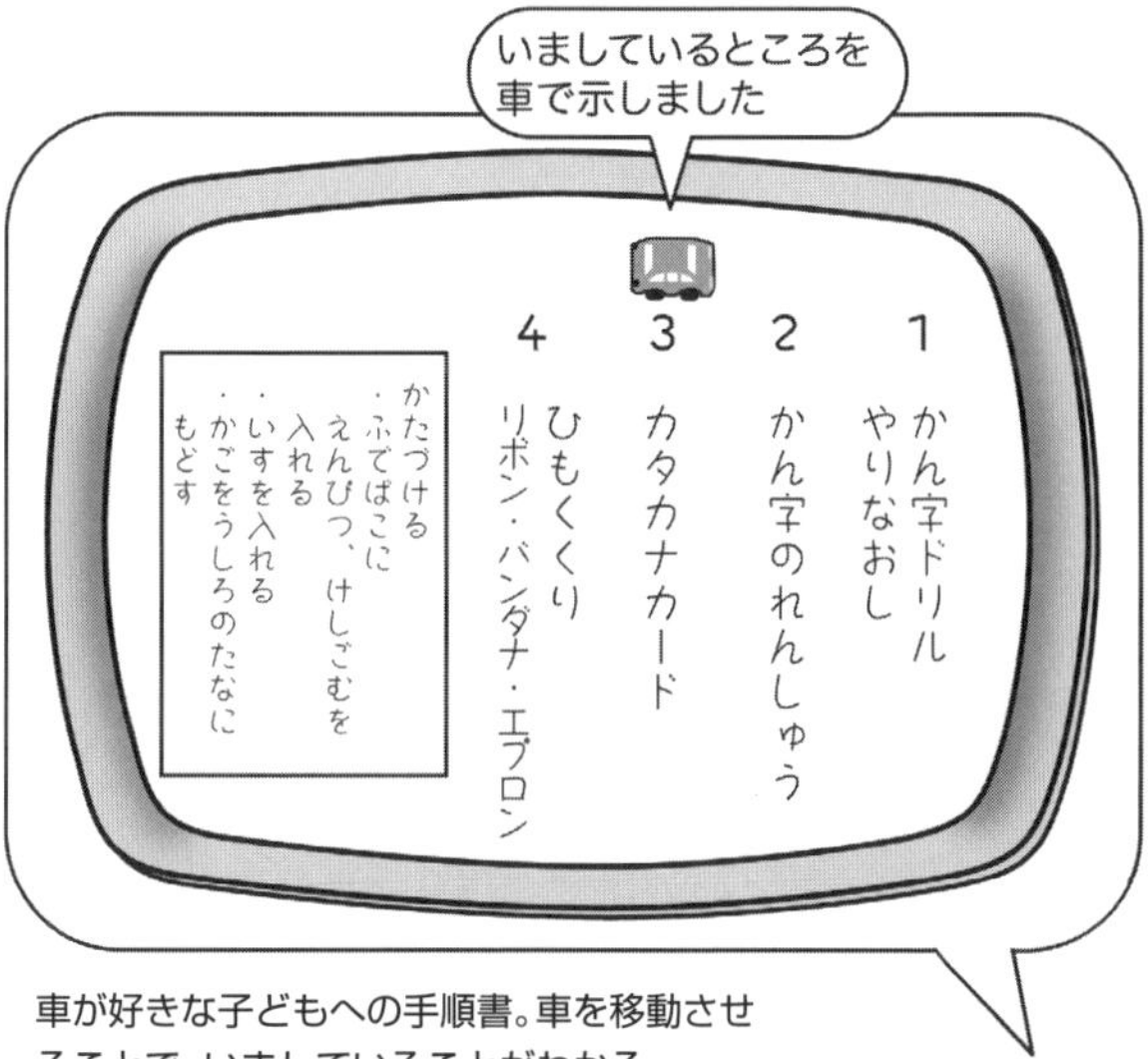
いましているところを
車で示しました
1 かん字ドリル
やりなおし
2 かん字のれんしゅう
3 カタカナカード
4 ひもくくり
リボン・バンダナ・エプロン
かたづける
・ふでばこに
えんぴつ、けしごむを
入れる
・いすを入れる
・かごをうしろのたなに
もどす

車が好きな子どもへの手順書。車を移動させることで、いましていることがわかる。

けでなく、第一章で述べた「環境とセットにした引き継ぎ」をしよう。「こういう場面で、このような環境を用意すれば、この子はこれだけ動けます」といったふうに、子どもを語ってあげたいのだ（図4）。

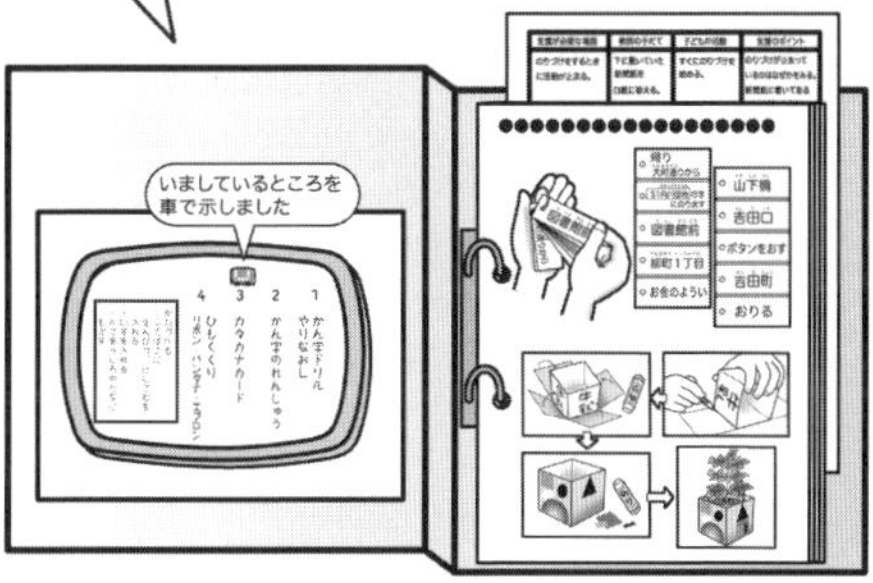

〈図4〉教材・ツールブック。手順書などを綴じこんでおく。そのほかにも授業で使用した教材や子どもの作品などを収めておくと、その子が一年間どんな活動をしてきたのかが見てわかる。

オーダーメイド・マニュアル

引き継ぎに当たって、どうしても作っておきたいのが、オーダーメイド・マニュアルである。

とはいえ、担任交代が決まってから急に書けるものではないので、日ごろから書きためたものを整理し、新しい担任に手渡そう。

オーダーメイド・マニュアルとは、簡単にいえば、一人ひとりの子どもとのかかわり方のコツをまとめたエピソード集である。「こんな場面で、こんなかかわりをしたら、この子はこんなふうに振る舞えた」といったように、子どもとうまくかかわれたときの様子を記録する。

一枚の用紙に一つだけエピソードを書き、ファイルに綴じていく（図5）。通知表を書くときにも、これがあると便利である。

支援が必要な場面	教師の手だて	子どもの活動	支援のポイント
のりづけをするときに活動が止まる。	下に敷いていた新聞紙を白紙に替える。「のりをつけようね」と声をかける。	すぐにのりづけを始める。	のりづけが止まっているのはなぜかをみる。新聞紙に書いてあることが刺激となり、活動の妨げになっていたので、白紙を用意した。

〈図5〉オーダーメイド・マニュアルには、担任が子どもとうまくかかわれたときのエピソードを書きとめる。これをはさんで、引き継ぎをするといい。

新入生の受け入れ準備

いっぽう、担任の続投が決まり、新入学児を受け入れることになったときは、さまざまな事務的手続きを滞りなく済ませるとともに、受け入れる子どもにかかわってきた人たちとのコミュニケーションを十分に図ってほしい。
してておきたいことは、二つある。

一つは、子どもが在籍している保育園や幼稚園に足を運ぶことである。「子どもの様子を見に来てくれた」というだけで、親や園の職員は喜んでくれる。

園を訪問したときには、どのような保育環境のもとで、子どもがどんな活動をしているのかを詳しく見てくる。また、「このようなかかわり方をしたら、この子はこんなことができた」とか、「こんなグッズがあると、穏やかに過ごせた」といったエピソード、つまり先ほど紹介した「オーダーメイド・マニュアル」に書き留めたくなるような内容を、保育者から聴き取ってこよう。そういう情報は、入学後の当面の対応に、とても役立つ。

もう一つは、保護者との面接である。

基本は、やはり、「ウェルカムの気持ち」を伝えることだ。子どもにとっても保護者にとっても、歓迎して待っていてくれる人がいるところに入学できることが、一番の幸せだからだ。

そのうえで、保護者が何を望んでいて何に不安を感じているのかを、ともかくよく聴こう。その場で答えられないことは、いつまでに返事ができそうなのかを伝えると、保護者は安心してくれる。

実践のためのヒントボード

個別の指導計画・教育支援計画

個別の指導計画や個別の教育支援計画を作成する目的は、二つある。

一つは、日々の指導のゴールを明らかにすることである。

個別の指導計画や個別の教育支援計画の書式は、研究紀要やインターネット上などにたくさんあるので、使いやすいものを選んだらいい。あまり綿密な計画を立ててもその通りには運ばないので、書き込む内容はできるだけシンプルにする。「子どもにつけたい力が何であるか」が具体的に示されていれば、それで十分である。明確なゴール設定をすることで指導の効果が向上するという研究報告もあるのだ。

もう一つは、教師と保護者とが、子どもの学びや育ち、そして将来の希望について語り合うことである。

個別の指導計画や個別の教育支援計画は、初めから完璧なものを書こうとしないほうがいい。家庭訪問のときに保護者の願いを聞き取り、とりあえずのたたき台をつくる。追って行われる個人懇談の場で、それを見ながら保護者と話をし、書き直したり書き足したりするのである。大切なのは、体裁の整った書類を作ることではなく、教師と保護者とが、計画書をはさんで子どものいまとこれからを見つめることなのだ。

修正された計画書は、その後、個人懇談のたびに用意し、必要に応じて改訂を重ねる。学年末を迎えたときに、何度も手を入れた書面をめくりながら、一年間の子どもの成長を喜び合えたらすてきだ。

十二章解説

初めて特別支援学級をもった教員にとっては、とても長い一年だったかもしれない。「お疲れ様でした」とねぎらいつつ、来年もどうか担任をお願いしたい。子どもからすると、毎年担任が替わるのはつらい。

とはいえ、次の年も今年と同じようにできるとは限らないのが、特別支援学級をもつ難しさである。卒業する子どもと新入学児との入れ替わりがあると、これまでのやり方がたちまち通用しなくなることがある。また、少人数の特別支援学級では、一人ひとりの保護者の影響力が強いだけに、ちょっとしたことで、保護者同士や、担任と保護者との関係が変化する。

そんなときには、どうしたらいいのだろうか。

最終章のおみやげがわりに、二つの提案をしたいと思う。一つは、小さなトラブルを放置しないことである。授業がいつものように運ばなかったときには、どこがうまくいかなかったのかをその日のうちに振り返り、考えられる手だてを講じておこう。保護者との関係も、ちょっとしたことですれ違いが生じる。心配なときは、こまめに連絡を取ろう。

もう一つ。行き詰まったときは、情報収集に走ることだ。うまくいかない場合、あまり考えていないで、あちこちから指導のネタを集めてこよう。講演や本から仕入れてくるのもいいし、だれかに尋ねるのもいい。子どもを引きつけるネタがあれば、突破口は必ず見いだせる。

◉著者紹介

佐藤 曉（さとう　さとる）

1959年、埼玉県生まれ。筑波大学第二学群人間学類卒業、同大学院教育研究科修了。岡山大学大学院教育学研究科教授。博士（学校教育学）。専門は、教育臨床。数多くの学校、保育園・幼稚園を訪ね、現場の実情に合った教育や保育のありかたを模索している。

著書『発達障害のある子の困り感に寄り添う支援』（学研、2004年）、『見て分かる　困り感に寄り添う支援の実際』（学研、2006年）、『自閉症児の困り感に寄り添う支援』（学研、2007年）、『子どもも教師も元気が出る授業づくりの実践ライブ』（学研教育出版、2009年）、『脳性まひ児の動作不自由と動作発達』（風間書房、2002年）、『発達障害のある子の保育の手だて』（岩崎学術出版社、2007年、共著）、『子どもをつなぐ学級づくり』（東洋館出版社、2009年、共著）ほか

※本文中の事例に関しては、個人が特定されるのを防ぐとともに人権保護のため、名まえや具体的な事実の一部を変えています。

※本書は、小社の『月刊実践障害児教育』2010年4月号～2011年3月号に連載した「特別支援学級の学級づくりと授業づくり」をもとに、大幅に加筆・再編集したものです。

あとがき

子どもの学習権の保障という観点に立ったときに、インクルーシブ教育は、「多様な学びの場」を用意することを最優先に考えなくてはならない。とはいえ、「多様な学びの場」には、それをただ用意すればいいということではなく、子どもに質の高い学びを保証することが求められている。同じ学校で学ぶ以上、どこで学ぼうとも、等しく学びの質が保証されなくてはならない。

そういうことでいえば、私は、「多様な学びの場」の一つとして、固定式の特別支援学級をもっと充実させなくてはいけないと思っている。特別支援学級は、いまだ、通常の学級でついていけない子どもの受け皿のように考えられている節がある。教員のなかにも、そういう感覚から抜けきれていない人がいる。

ところで、特別支援学級の充実とは何だろうか。さしずめそれは、まっとうな教育的営みを成立させることであろう。

行動分析やＴＥＡＣＣＨをはじめとした心理臨床分野で開発された技法は、発達に課題のある子どもを支援するヒントを与えてくれる。それはそれで必要である。

しかし、教育の営みは、それで事足りるはずがない。子どもは、支援をしてもらうために学校に来ているわけではない。学ぶべきことをきちんと学んで帰ってもらわなくてはいけないのである。

学校教育に携わる教師は、子どもの将来に責任をもち、人格の形成と文化の伝承に尽力することを使命としている。それに加えて、「困り感」を抱える子どもたちには、この社会にあたりまえに「参加」するための教育を提供したいのだ。

「参加」とは、自分の意見が「対等」に扱われてはじめて実現する。それには何より、自分の意見を表明する力をつけるとともに、仲間と共に学ぶ機会を保障し、自らの意見が対等に受け止めてもらえる経験をさせてあげたいのである。

本書に実践を提供してくれたのは、子どもの教育にこうした強い信念をもって教鞭を執り続けてきた教師である。日々の実践の知恵はもちろん、この子たちが、学校のなかで、そして社会に出てからも、周囲の人々と対等に渡り合えるよう育ててあげてきた実践の足跡を、ぜひとも形にしておきたかった。それらが継承されてこそ、特別支援学級における学びの質は保たれる。

最後になったが、編集を担当していただいた学研教育出版の師岡秀治さんには、いつもながらたいへんお世話になった。師岡さんの熱意があってこそ、この本を読者に届けることができた。心からお礼を申し上げたい。

学研のヒューマンケアブックス

入門 特別支援学級の学級づくりと授業づくり

2012年3月27日 第1刷発行
2024年1月25日 第12刷発行

著者――佐藤 曉

発行人――土屋 徹
編集人――滝口勝弘
企画編集――師岡秀治

デザイン――天野 誠（magic beans）
装丁画――江口修平
編集協力――大悠社
DTP――株式会社明昌堂
イラスト――ふらんそわ～ず吉本
イワミ＊カイ
発行所――株式会社Ｇａｋｋｅｎ
〒141-8416
東京都品川区西五反田2-11-8
印刷所――株式会社リーブルテック

この本に関する各種お問い合わせ先
●本の内容について
https://www.corp-gakken.co.jp/contact/
●在庫について
電話＝03-6431-1250（販売部）
●不良品（落丁、乱丁）について
電話＝0570-000577
学研業務センター
〒354-0045 埼玉県入間郡三芳町上富279-1
●右記以外のお問い合わせ
電話＝0570-056-710（学研グループ総合案内）

学研グループの書籍・雑誌についての新刊情報・詳細情報は、左記をご覧ください。
学研出版サイト https://hon.gakken.jp/
学研のヒューマンケアブックス等のサイト
https://www.gakken.jp/human-care/